AF711608

Autor

doc.dr.sc. Mato Brautović

Urednica

Julijana Antić Brautović

Recezenti:

prof.dr.sc. Stjepan Malović

prof.dr.sc. Gordana Vilović

Grafičko-oblikovanje

doc.dr.sc.Mato Brautović

Naslovnicu izradio

doc.dr.sc. Mato Brautović

INTERNET KAO NOVINARSKI IZVOR

doc.dr.sc. Mato Brautović

Dubrovnik, 2011.

Sadržaj

PREDGOVOR

Internet je sveopća činjenica i nakon 15 godina (od kada se pojavio u Hrvatskoj) njegovo postojanja nitko ne može ignorirati. Pogotovo ne profesionalci koji se bave komuniciranjem i medijima. Internet predstavlja neograničenu bazu podataka i informacija koje su od korisnika udaljene svega nekoliko klikova mišem. Nešto što je prije zahtijevalo odlazak u knjižnicu ili čak putovanje na drugi kraj zemaljske kugle, danas je dostupno u svakom uredu ili domu s internetskim priključkom.

Međutim, nisu svi bili svjesni njegovog potencijala. Mnogi su autori i znanstvenici do prije nekoliko godina smatrali Internet inovacijom kojoj je cilj smanjiti troškove izdavaštva i omogućiti ekstra profit vlasnicima medija. No, danas smo svjedoci kako Internet, povrh svega, predstavlja izvrstan (novinarski) alat za istraživanje i pronalaženje novinarskih ideja, komunikaciju sa izvorima i akumuliranje svega što je u novinarstvu važno: brzine, točnosti, transparentnosti...

Ipak, treba imati na umu da Internet sa sobom nosi i opasnosti. Navedimo samo slučaj lažnog intervjua bivšeg premijera Iva Sanadera. No, treba znati kako tehnološke inovacije nisu same po sebi opasne, već načini na koji se ljudi njima služe. Stoga je cilj ove knjige upravo omogućiti novinarima, ali i svim drugi medijskim profesionalcima (znanstvenicima, stručnjacima iz područja marketinga i odnosa s javnošću) i običnim građanima da se na odgovarajući način koriste Internetom, kako bi pronašli podatke i informacije vitalne za njihov svakodnevni posao i život.

U ovoj knjizi sažeo sam sva svoja iskustva u korištenju Interneta, koje sam stekao dok sam još bio novinar, ali i iskustva iz izvođenja niza kolegija koji se bave područjem Interneta. Posebno bih istakao kolegij Primjerna računala u novinarstvu i odnosima s javnošću, na koji se dobrim dijelom referira ova knjiga, kao i niz radova objavljenih u znanstvenim časopisima Medianali i Medijski dijalozi.

Knjiga sadrži 14 poglavlja. Prvo poglavlje, pod naslovom "Novinarski izvori i internet", donosi osnovne teoretske postavke o novinarskim izvorima i načinima na koje se, u tom smislu, može koristiti Internet. U drugom poglavlju, "Pretraživanje interneta upotrebom Google tražilice", dane su osnove pretraživanja Interneta, te upute na koji način koristiti Google kao alat za pretraživanje web izvora... Treće poglavlje, "Druge vrste pretraživanja", govori o pretraživanju fotografija, video sadržaja, knjiga i osoba.

Četvrto poglavlje, "Evaluacija internetskih izvora", daje osnovne za provjeru točnosti podataka i informacija na web stanici, s obzirom na kriterije kao što su vlasništvo domene, ažurnost, dokumentiranost....

U petom poglavlju, "Vladine službene web stranice", dan je pregled najvažnijih službenih web stranica u Hrvatskoj, a posebna je pažnja posvećena web stranicama Vlade RH i Sabora RH. U šestom poglavlju, "Regionalna i lokalna uprava", riječ je web stranicama institucija regionalne uprave i lokalne samouprave. Sedmo poglavlje, "Pravosuđe i policija", govori o web izvorima koje se bave problematikom navedenom u naslovu, dok je u osmom poglavlju, "Financije i ekonomija", riječ o web izvorima iz tog područja. Deveto poglavlje, "Kultura, obrazovanje i zdravstvo", obrađuje problematiku web izvora koji se bave kulturom, obrazovanjem i zdravstvom, a u desetom poglavlju, "Međunarodni izvori", prikazani su najvažniji međunarodni izvori s aspekta pristupanja Hrvatske EU, te drugih međunarodnih aktivnosti Hrvatske. Kod web izvora posebna je pažnja posvećena online bazama podataka.

U jedanaestom poglavlju, "Blog i mikroblogiranje", objašnjeno je kako novinar može koristiti blog u novinarstvu, kako nadzirati blogove i kako na takvim mjestima doći do dobre novinarske ideje. Također, objašnjena je i upotreba Twittera. Dvanaesto poglavlje, "Online društvene mreže, newsgrupe i forumi", slično prethodnom, objašnjava kako koristiti online društvene mreže Facebook i LinkIn kao novinarske izvore, kao i newsgrupe te hrvatske forume. U trinaestom poglavlju, "Online mediji i servisi za dostavu priopćenja", riječ je o online medijima kao sekundarnim izvorima, te servisima koje koriste službe za dostavu priopćenja za javnost.

Četrnaesto poglavlje, "Upotreba e-maila i Skypea", pojašnjavaju kako na ispravan i etičan način koristiti neke od alata za komunikaciju s izvorima, posredstvom Interneta.

Svako poglavlje je organizirano tako da je na početku uvod koji objašnjava cilj i sumarno daje pregled poglavlja. U nastavku je pojašnjenje materije, koja završava pregledom literature s mogućnošću daljnjeg istraživanja. Na kraju svakog poglavlja (osim prvih četiri koji se bave općenito problematikom korištenja Interneta kao novinarskog izvora), dana je studija slučaja iz prakse.

Kako ova knjiga sumira moja osobna iskustva, predavanja i rasprave s kolegama i studentima, veliki broj znanstvene literature i internetskih izvora, vrlo je teško reći odakle je što poteklo i tko je što prvi naveo. Stoga se ispričavam svima koje eventualno nisam naveo kao izvor.

Autor

1. NOVINARSKI IZVORI I INTERNET

1.1. UVOD

U ovom poglavlju bit će riječi o teoretskim aspektima novinarskih izvora i prednostima koje nam Internet nudi. Naučit ćete kako politička ekonomija gleda na nove tehnologije, kako Internet doživljavaju istraživački novinari i koje su sve mogućnosti Interneta kao novinarskog izvora.

U nastavku poglavlja bit će dane osnove prava na pristup informacijama i objašnjenje kako se zahtjevi za pristup informacijama moraju podnositi. Posebna pažnja posvećena je pozivanju na novinarske izvore.

1.2. TEORETSKA PERSPEKTIVA NOVINARSKIH IZVORA: POLITIČKA EKONOMIJA I TEHNOLOŠKI OPTIMIZAM

Sva dosadašnja istraživanja na području novinarskih izvora temeljila su se na pretpostavci kako moćnici (politički i ekonomski) imaju veliku mogućnost kontrole tijeka informacija i na temelju toga odlučujuću riječ o kojim će se temama raspravljati u medijima. Ovakva promišljanja proizlaze iz političke ekonomije kojoj je glavna pretpostavka da političke i ekonomske elite vode borbu za kontrolu informacija radi nadzora nad materijalnim i simboličkim resursima. Nadalje, sva ta mikro događanja odvijaju se u kontekstu većih političko-ekonomskih okvira (utjecaj tržišta, zakonodavstva, vlasti…).

Razmatrajući Internet u tom kontekstu, lako dolazimo do osnovne pretpostavke kako "nove" tehnologije predstavljaju još veću opasnost za novinare. Jedan od glavnih promotora takvog razmišljanja Paul Manning u knjizi News and News Sources[1] navodi da, iako se nove tehnologije mogu koristiti za kvalitetnije informiranje novinara i dobivanje konteksta, one se ustvari uvode kako bi se smanjili troškovi, ubrzao rad i/ili kako bi se pobijedila konkurencija. Svako drugo promišljanja Manning smatra tehnološkim optimizmom.

Razlozi koje Manning navodi protiv upotrebe Interneta kao novinarskog izvora nemaju veze s novinarskim izvorima. Kao prvi argument, Manning kaže da će zbog direktne mogućnosti komunikacije između političara i građana biti umanjena uloga novinara. Dakle, novinari vise nisu ekskluzivni gatekeeperi. Međutim, zaboravlja da su te mogućnosti komunikacije sada dostupne svima, a ne kao prije samo bogatim izdavačima i državi. Kao drugo, navodi praksu da novinari sada koriste iste tehnike kao građani prilikom prikupljanja podataka tj. da novinari virtualno odlaze na web stranice i skidaju podatke i informacije. Dakle, novinari zaista gube ekskluzivitet, ali ne nauštrb informiranja građana kao temelja funkcioniranja demokracije. Treći argument je da mediji koriste Internet za dostavu informacija, što ponovno omogućava građanima da brže i jednostavnije dođu do informacija.

Kao što smo vidjeli, niti jedan od Manningovih argumenata ne objašnjava zbog čega nove tehnologije (Internet) nisu dobar novinarski izvor. Njegovo inzistiranje na socijalnom okruženju u kojem se koristi tehnologija samo dijelom pojašnjava posljedice njezine upotrebe. Tako na primjer, upotreba Interneta kako bi se iz Dubrovnika pristupilo podacima u Zagrebu ili čak New Yorku omogućava više novinarske slobode i onemogućava fizičku kontrolu informacija kako je to političkom ekonomijom pretpostavljeno.

Ono što zabrinjava jest da, iako je spomenuta knjiga pisana prije osam godina, još uvijek postoje ljudi koji imaju jednako razmišljanje koje ide tako daleko da autore i znanstvenike koji ukazuju na potencijal ovih tehnoloških inovacija olako prozivaju ultra tehnološkim optimistima.

Međutim, iz samo jednog praktičnog primjera bit će jasno koliki je doseg i važnost novih tehnologija u novinarstvu. Jedan od vodećih istraživačkih novinara i predavača iz područja istraživačkog novinarstva iz SAD-a William G. Gaines u knjizi Investigative Journalism[2] navodi

---

[1] Manning, P. News and News Sources: A Critical Introduction. London: Sage, 2001.

[2] Gaines, W.C. Investigative Journalism: Proven Strategies for Reporting the Story.

primjer istraživačkog novinara Nicholasa Stronga iz Tri-Cities Stara koji se za potrebe napisa o ilegalnoj prodaji vojnog oružja u SAD-u koristio Internetom. Upisivanjem riječi "gun" u tražilicu pronašao je 147 milijuna rezultata. Da je radio 12 sati dnevno i čitao svaki rezultat deset sekundi trebala bi mu 101 godina za pregled svih tih rezultata. On je suzio pretragu na tražilici i pretraživanjem unutar rezultata u nekoliko minuta sa 147 milijuna rezultate smanjio na 200 njemu korisnih.

1.3. INTERNET KAO NOVINARSKI IZVOR

Za razliku od Manninga, Tom Koch je, u knjizi Journalism for the 21st Century[3], prije dvadesetak godina najavio da će nove tehnologije u kombinaciji s Internetom i bazama podataka omogućiti novi oblik istraživačkog novinarstva koji će osigurati nadzor nad djelovanjem političkih i ekonomskih elita. Upravo na tom tragu pisana je i ova knjiga.

Zahvaljujući Internetu kao novinarskom izvoru, novinari više nisu ovisni o službama za odnose s javnošću jer mogu političke elite nadzirati bez njihove pomoći te uspoređivati njihove informacije i podatke s onima dostupnima na Internetu. Kako je Koch i predvidio, upravo upotreba Interneta i drugih tehnoloških inovacija omogućuje obnavljanje kredibiliteta novinarstva, koje je predugo bilo vezano uz političke elite. Međutim, da bi takav način istraživačkog novinarstva profunkcionirao, neophodno je da većina novinara doista zna koristiti Internet.

Nora Paul[4] sa Poynter Instituta razlikuje dvije osnovne vrste novinarskih izvora na Internetu: primarne i sekundarne. U prvu

---

Washington: CQPress, 2008.

[3] Koch, T. Journalism for the 21st Century: On/line information, Databases and the News. Westport: Greenwood Press, 1991.

[4] Paul, N. M. Computer-Assisted Research: A Guide to Tapping Online Information (4ed). St. Petersburg: Poynter, 1999.

skupinu izvora spadaju web izvori koji omogućuju kontakte s osobama, odnosno njihovim komentarima, diskusijama i stavovima. U ovu skupinu spadaju elektronička posta, news grupe, diskusijske liste, forumi, chat, online društvene mreže, blogovi, online baze podataka... S druge strane, u skupinu sekundarnih izvora ubrajamo web stranice koje sadrže članke, izvještaje, studije... Neovisno kakva podjela bila, Internet je nepresušan izvor podataka i informacija, dok god znamo kako ga koristiti. O svakom od navedenih izvora bit će riječi u nastavku knjige.

1.4. POZIVANJE NA INTERNET KAO IZVOR

Kad se Internet koristi kao izvor, treba imati na umu da se sve što je objavljeno na Internetu ne može automatski preuzeti i objaviti u medijima. Neovisno radi li se o službenim dokumentima objavljenim na stranici Vlade ili blogu koji piše lokalni političar, novinar mora potvrditi informaciju i mora pokušati stupiti u kontakt s osobom koja je autor te informacije. Informacija se tada može pripisati njezinom autoru i nema problema prilikom pozivanja na nju. Uvijek treba imati na umu kako e-mail dobiven s adrese određene osobe ne mora nužno biti poslan od nje same. Jednako tako se ne možemo potpuno pouzdati u autentičnost Facbook profila neke osobe.

Nakon što primijete da se netko poziva na njih, autori vrlo često izbrišu ili unište sadržaj, tako da novinar više nema dokaz gdje je pronašao podatke i informacije. Zbog toga je neophodno podatke pohraniti u digitalnom obliku ili ih jednostavno ispisati na printeru (ako se ne radi o velikoj količini). Iako to ne možemo smatrati dostatnim dokazom, jer se digitalni podaci mogu vrlo lako lažirati, ipak predstavlja određeni oblik osiguranja.

Također, vrlo se često u medijima može vidjeti ili čuti pozivanje na izvor „Internet", što je jedna od najvećih grešaka. Zamislite situaciju u kojoj biste se, umjesto na autora knjige i knjigu, pozvali na lokalnu knjižnicu ili, još bolje, Nacionalnu i sveučilišnu knjižnicu u Zagrebu. Internet označava samo koncept i/ili mrežu koja uključuje milijune web stranica, blogova,... stoga je neophodno točno definirati odakle je nešto preuzeto.

Još jedna od vrlo čestih pogrešaka je preuzimanje tuđih fotografija bez dozvole, neovisno jesmo li pritom naveli izvor ili ne. Fotografije se smiju preuzeti samo kad to odobri vlasnik ili od vlasnika ovlaštena osoba, jer je riječ o sadržaju nad kojim autor, ali i Internet servis na kojem je objavljen, ostvaruju autorska prava. Svaki autor fotografije, ali i teksta, videa...svega onoga što se po Zakonu o autorskim pravima može definirati kao autorsko djelo, može tužiti novinara i nakladnika za autorsku naknadu u slučaju da su preuzeli neki sadržaj bez da su unaprijed tražili dopuštenje.

1.5. STRATEGIJA ISTRAŽIVANJA

Vrlo je teško pobrojati i opisati strategije istraživanja koje treba koristiti prilikom istraživanja na Internetu. O strategijama je vrlo malo pisano i istraživano, jer se jednostavno radi o načinu razmišljanja koji će ovisiti od slučaja do slučaja i od osobe do osobe. Međutim, Brand Huston u knjizi The Investigative Reporter's Handbook[5] opisuje jednu vrlo općenitu, ali lako primjenjivu strategiju traženja informacija i podataka koju naziva strategija paralelne pozadine.

Strategija paralelne pozadine temelji se na ideji da su objekti istrage (osobe) uvijek povezani s institucijama. Osoba koja podnese zahtjev pred nekom institucijom ili radi za tu instituciju za sobom ostavlja papirnati trag. Slična strategija vrijedi i u obratnom slučaju. Istraživanje određene institucije možete započeti istraživanjem čelnih ljudi te institucije. Ako bi ovu strategiju preveli na pretraživanje Interneta, tada bi to značilo da ukoliko pretražujemo neku osobu moramo utvrditi gdje je ta osoba zaposlena i zatim pretražiti web stranice i druge web izvore te institucije kako bi došli do podataka o objektu istraživanja. Jednako tako, ako istražujete poslovanje neke institucije tada ćete

---

[5] Houston, B. The Investigative Reporter's Handbook: A Guide to Documents, Databases and Techniques (5 ed). Boston: Bedford/St.Martin, 2009.

pretragu započeti pretraživanjem podataka o ključnim osobama te institucije.

Nora Paul je utvrdila poseban upitnik[6] koji bi trebao osigurati uspješno pretraživanje bez prevelikog gubljenja vremena. U nastavku slijedi upitnik.

TKO
• Koga istražujete: političara, poduzetnika, znanstvenika, kriminalca? • Tko su ključne osobe koje Vam mogu dati informacije? Postoje li eksperti i glasnogovornici koji vam mogu pomoći? • S kime morate razgovarati oko objekta istraživanja: osoba koja se nečemu protivila, osoba koja poznaje nekoga, netko tko je ekspert...? • S kime ste već razgovarali? Što su vam rekli?
ŠTO
• Kave podatke trebate: statističke podatke, izvore, pozadinu...? • Kakva vrsta informacija i podataka vam treba: članci, činjenice, podaci iz javnih baza podataka, citati...? • Što pokušavate napraviti: potvrditi dobivene podatke, pronaći nekoga za intervju, ubrzati pisanje članka, istražiti nekoga, suziti temu, proširiti vlastito znanje...? • Koji su najbolji izvori informacija i podatka za temu: udruženja, državne institucije, istraživački centri, tvrtke...? • Koje informacije već znate? • Kako bi trebali izgledati idealni odgovori?
KADA
• Kad je istraživani događaj počeo? • Kad je istraživani događaj završio? • Kad ćete imati sve odgovore?
GDJE

[6] Schlein, A.M. Find It Online: The Complite Guide to Online Research (4.ed.). Tempe: Facts on Demands Press, 2004. Str. 74.-75.

• Gdje se istraživani događaj dogodio? • U kojoj ste fazi istraživanja: na početku (istraživanje pozadinskih informacija), u sredini (tražite potvrdu pronađenih informacija) ili na kraju? • Gdje ste već tražili informacije? • Gdje je najveća količina informacija koju tražite smještena? • Gdje je ta tema prethodno obrađivana: novine, televizija, sudski spisi, diskusije…?
ZAŠTO
• Zašto trebate istraživati: tražite osobu za intervju, nadzirete širu temu…? • Zašto morate istraživati?
KAKO
• Koliko informacija trebate: nekoliko članaka za pozadinu, sve što postoji o temi, samo jednu činjenicu? • Kako ćete koristiti informaciju ili podatak? • Koliko vremenski unazad namjeravate istraživati?

Nakon što znate što treba istraživati, neophodno je odrediti mjesta gdje se informacije i podaci mogu pronaći. Svaki istraživački projekt se sastoji od istraživanja većeg broja izvora.

Prvo je važno znati tko ima informaciju koju tražite. Zatim morate znati gdje su te informacije smještene i u kom obliku, te kad će vam biti na raspolaganju.

1.6. PRAVO NA PRISTUP INFORMACIJAMA

Iako se posredstvom Interneta može pristupiti velikom broju podataka i informacija, često se može dogoditi da informacija koju tražimo nije dostupna online. Službene institucije dužne su po Zakonu o pravu na pristup informacijama utvrditi posebne kataloge informacija i odrediti osobu koja je zadužena za dostavu informacija.

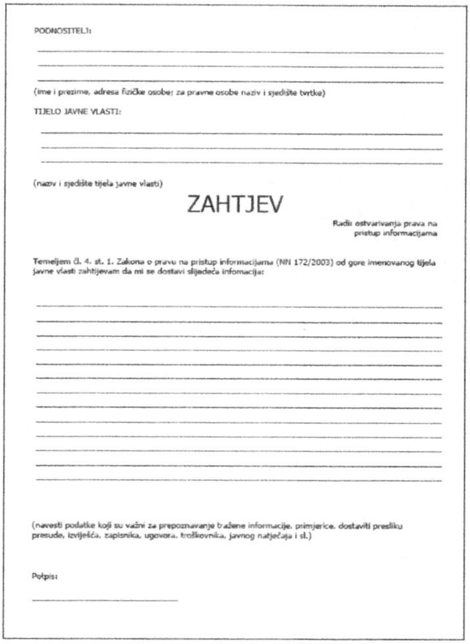
PODNOSITELJ:

(ime i prezime, adresa fizičke osobe; za pravne osobe naziv i sjedište tvrtke)

TIJELO JAVNE VLASTI:

(naziv i sjedište tijela javne vlasti)

ZAHTJEV

Radi ostvarivanja prava na pristup informacijama

Temeljem čl. 4. st. 1. Zakona o pravu na pristup informacijama (NN 172/2003) od gore imenovanog tijela javne vlasti zahtijevam da mi se dostavi slijedeća infomacija:

(navesti podatke koji su važni za prepoznavanje tražene informacije, primjerice, dostaviti presliku presude, izvješća, zapisnika, ugovora, troškovnika, javnog natječaja i sl.)

Potpis:

Slika 1 - Formular zahtjeva za pristup informacijama

Takvi katalozi su vrlo često objavljeni na web stranicama tih institucija, čime je omogućen uvid u vrstu podataka koje institucija prikuplja, kao i u uvjete za pristup tim podacima. U svakom slučaju, uvijek je oko detalja za podnošenje zahtjeva za pristup informacijama dobro konzultirati web stranicu Transparency Hrvatska i GONG (www.imamopravoznati.net).

1.7. LITERATURA I DALJNJE ČITANJE

1. Manning, P. New and New Sources: A Critical Introduction. London: Sage, 2001.

2. Gaines, W.C. Investigative Journalism: Proven Strategies for Reporting the Story. Washington: CQPress, 2008.
3. Koch, T. Journalism for the 21st Century: On/line information, Databases and the News. Westport: Greenwood Press, 1991.
4. Paul, N. M. Computer-Assisted Research: A Guide to Tapping Online Information (4ed). St. Petersburg: Poynter, 1999.
5. Houston, B. The Investigative Reporter's Handbook: A Guide to Documents, Databases and Techniques (5 ed). Boston: Bedford/St.Martin, 2009.
6. Schlein, A.M. Find It Online: The Complite Guide to Online Research (4.ed.). Tempe: Facts on Demands Press, 2004.

2. PRETRAŽIVANJE INTERNETA UPOTREBOM GOOGLE TRAŽILICE

2.1. UVOD

U ovom pogavlju naučit ćete što su to tražilice, koje vrste postoje i koje su najbolje. Nadalje, naučit ćete kako se koriste jednostavno i napredno pretraživanje te što su to booleovi operatori i ograničenja polja pretrage. Googleu kao novinarskom alatu bit će posvećena posebna pažnja. Nakon čitanja ovog poglavlja, znat ćete kako koristi napredno pretraživanje u sklopu Google tražilice.

2.2. PRETRAŽIVANJE INTERNETA

Bez alata za pretraživanje Interneta, do određene web stranice ili sadržaja moguće je doći samo ukoliko poznajemo točnu URL adresu te stranice ili kliknemo na poveznicu koja vodi do te stranice. Zbog toga je, neposredno nakon popularizacije World Wide Weba 1994. Godine, utvrđeno kako nije moguće pristupiti većini sadržaja, te je uskoro pokrenut i prvi alat za pretraživanje web stranica - tražilica WebCrawler.

Većina tražilica nudi mogućnost pretraživanja putem ključnih riječi i medija (dokumenta) gdje se taj pojam pojavljuje (tekst, fotografija, audio, video, pdf, doc, xls….).

Postoje tri osnovne vrste tražilica koje se razlikuju po principu pretkazivanja[7]:

1. Indeksne tražilice

---

[7] Više u: Težak, Đ. Pretraživanje informacija na Internetu. Zagreb: Hrvatska sveučilišna naklada, 2002.

2. Adresari i katalozi
3. Metatražilice

Prva kategorija tražilica čiji je najbolji primjer Google, radi na principu da posebni softver tkz. Pauk odabire web stranice i indeksira ih (pohranjuje) u bazu podataka. Dakle, indekse tražilice pretražuju indeksirane sadržaje, ne stvarne web stranice.

U drugu kategoriju spadaju tražilice koje pretražuju kataloge (kao u knjižnici) koji sadrže adrese web stranica razvrstane po kategorijama, a hijerarhijski su raspoređene od općih prema detaljnijim. Najbolji primjer ovakvih tražilica je Yahoo.

Treću kategoriju tražilica čine tražilice koje pretražuju baze indeksnih i kataloških tražilica. Primjeri su Ask Jeeves, MetaCrawler, Dogpile.

Treba imati na umu da su naveden kategorije idealni modeli, te da suvremene tražilice imaju karakteristike i indeksnih i kataloških tražilica.

Kod odabira koje ćemo tražilice koristiti glavni kriterij bi trebao biti dio Interneta koji pretražuju. Niti jedna tražilica ne pretražuje cijeli Internet, stoga je najbolje koristiti više njih istovremeno kako bi se dobili što bolji rezultati. Svakako, Google je jedna od najboljih, ako ne i najbolja tražilica, stoga će o njemu biti više riječi u ovom poglavlju.

2.2.1. VRSTE PRETRAŽIVANJA

Većina tražilica ima mogućnost jednostavnog i naprednog pretraživanja. U prvom slučaju upisom ključnih riječi dobiju se rezultati koji sadrže te pojmove.

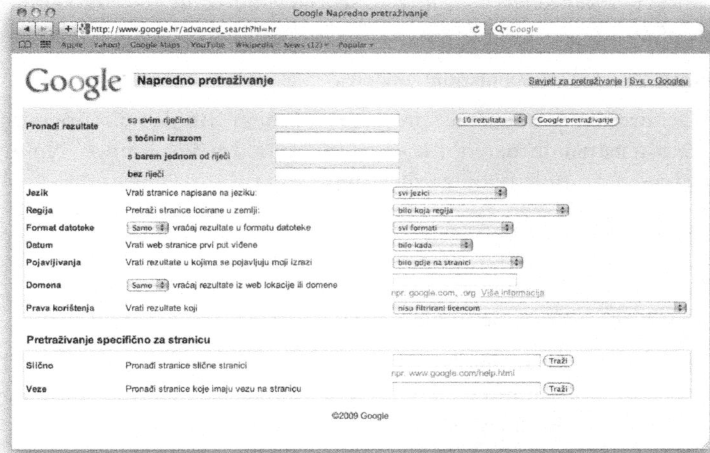

Slika 2 - Google napredno pretraživanje

U slučaju naprednog pretraživanja, osim pretraživanje putem ključnih riječi, omogućeno je ograničenje područja pretrage temeljem više različitih kriterija. U osnovi sve tražilice koje nude i mogućnost naprednog pretraživanja omogućuju pretraživanje prema jeziku pretraživanog sadržaja, formatu datoteka u kojem se nalazi pretraživani sadržaj, datumu kad je dokument nastao ili je objavljen, internetskom mjestu gdje se sadržaj nalazi (domeni), poveznicama koje vode na sadržaj, te drugim kriterijima.

Tražilice		
Google	Jednostavno	www.google.hr
	Napredno	www.google.hr/advanced_search?hl=hr
Alltheweb	Jednostavno	www.alltheweb.com/
	Napredno	www.alltheweb.com/advanced?advanced =1&&q=
Altavista	Jednostavno	www.altavista.com
	Napredno	www.altavista.com/web/adv
Yahoo	Jednostavno	www.yahoo.com/

	Napredno	http://search.yahoo.com/web/advanced?ei=UTF-8

Tablica 1 - Pregled najpopularnijih tražilica

Većina tražilica omogućuje pretragu i putem Booleovih operatora, odnosno tekstualnih naredbi koje sužavaju područje pretrage. Njihova upotreba ovisi o pojedinoj tražilici.

Booleovi operatori	
Operator	Značenje
""	Traženje točne fraze
+	Traženje obje riječi ili izraza između kojih se nalazi operator
-	Eliminiranje riječ iz rezultata pretraživanja
AND	Traženje obje riječi ili izraza između kojih se nalazi operator
OR	Ako se za pretragu upotrebljavaju sinonimi
NOT	Eliminiranje riječ iz rezultata pretraživanja
NEAR	Traženje točne fraze

Tablica 2 - Objašnjenja Booleovih operatora

Pojedine tražilice pružaju i mogućnost ograničenja područja pretrage prema posebnim tekstualnim naredbama: link, site, Intitle, inurl, url, hostname... Princip pretraživanja je sličan naprednom pretraživanju, ali se za razliku od njega, ne temelji na ispunjavanju formulara, već tekstualnom upisu naredbi u formu pretrage putem ključnih riječi, jednako kao i u slučaju booleovih operatora.

Ograničavanje polja pretrage	
link:	Pretraži sve dokumente koji su povezani uz specificiranu domenu (link:http://autos.yahoo.com)
site:	Pretraži sve dokumente unutar neke domene (site:yahoo.com)
intitle:	Pretraži dokumente s naslovom (intitle:Croatian)
inurl:	Pretraži adrese (URL) koje sadrže riječ (inurl:Croatian)

url:	Pretraži dokumente koji sadrže URL (url:http://edit.autos.yahoo.com/repair/tree/0.html)
hostname:	Pretraži sve dokumente unutar istog servera (hostname:autos.yahoo.com)

Tablica 3 - Objašnjenja ograničenja polja pretrage

2.2.2. STRATEGIJA ODABIRA KRITERIJA PRETRAŽIVANJA

Jedan od glavnih kriterija koji utječe na rezultat pretraživanja jesu ključne riječi temeljem kojih se dobivaju rezultati pretraživanja. Ovisno o tome tražite li nešto općenito ili specifično, put do rezultata bit će drugačiji.

Vrlo je važno imati ključne riječi koje na najbolji način opisuju tražene podatke. Ako tražite nešto općenito ili niste najbolje upoznati s područjem koje istražujete, tad je neophodno suziti područje pretrage. Zbog toga je važno u katalozima tražilica naći unaprijed pripremljene pojmove (ključne riječi) koji najbolje opisuju ono što tražite. Stručnjaci koji stvaraju takve kataloge dobro poznaju područje za koje katalogiziraju web sadržaj. Kad ste dobro upoznati s područjem, tada ćete pretraživati temeljem ključnih riječi koje ste sami odabrali.

2.3. GOOGLE KAO NOVINARSKI ALAT

Google predstavlja najbolju tražilicu na Internetu. Jednostavnom pretragom slova "a" u sklopu te tražilice moguće je pronaći više od 16 milijardi različitih dokumenata, što je, u komparaciji s tražilicama Yahoo (2 milijarde) i All the web (13 milijardi), čini najsveobuhvatnijom tražilicom[8].

Ova tražilica predstavlja idealni novinarski alat, jer omogućuje jednostavnu pretragu velikog broja Internetskih izvora, bilo da se radi o web stranicama, video i audio uradcima, online izdanjima medija, bazama podataka, online društvenim mrežama... Dakle, Google

[8] Rezultati pretraživanja od 23.9.2009.

novinarima omogućuje pronalaženje podataka o događajima i osobama, pronalaženje novinarskih ideja – tema, pronalaženje multimedijalnih sadržaja, pronalaženje stručnjaka…

Zbog broja opcija pretraživanja koje nudi Google, u ovom poglavlju bit će obrađene samo one koje su novinarima najinteresantnije, dok će za ostale biti dani izvori za daljnje istraživanje. Google tražilica zaslužuje samostalnu knjigu.

Slika 3- Pregled alata koji nudi Google

Google omogućuje:

- Jednostavno i napredno pretraživanje putem ključnih rijeci (www.google.hr)
- Pretraživanje fotografija (http://images.google.hr/)
- Pretraživanje videa (http://video.google.com
- Pretraživanje novosti i obavještavanje o svježim novostima (http://news.google.com)
- Pretraživanje financijskih novosti (www.google.com/finance/)
- Pretraživanje blogova i newsgrupa (http://blogsearch.google.hr/ I http://groups.google.hr/)
- Pretraživanje knjiga (http://books.google.hr/)
- Pretraživanje geografskih mjesta (http://maps.google.com)
- Druge pretrage i servise.

Osim pretraživanja, Google nam nudi i besplatni e-mail servis Gmail (http://mail.google.com/), organizator Kalendar (www.google.com/calendar/), office alat Docs (http://docs.google.com/), alat za obradu fotografija Picasa (http://picasa.google.com), RSS reader (http://www.google.com/reader/) i mnoge druge servise. Svi navedeni servisi imaju hrvatske inačice. Kao URL adresu treba, umjesto Google.com, pisati Google.hr.

O pojedinim vrstama pretraživanja i servisima koje nudi Google bit će riječi u slijedećim poglavljima, kad se budu obrađivali pojedini web izvori.

2.3.1. JEDNOSTAVNO PRETRAŽIVANJE

Jednostavno pretraživanje, osim pretraživanja upotrebom ključnih riječi, dopušta i upotrebu Booleovih operatora i ograničavanje polja pretrage.

Od Booleovih operatora dopušteno je korištenje navodnih znakova za pretragu fraza ii točnih izraza, znaka OR (velikim slovima), dok se upotreba AND podrazumijeva kod dvije ili više ključnih riječi. Dopuštena je i upotreba znkova + i – za ograničavanje pretrage (bez razmaka između riječi). Kod pisanja ključnih riječi Google ne pravi razliku između velikih i malih slova.

Kod jednostavnog pretraživanja Google koristi ograničavanje polja pretrage: link:, site:, intitle: i inurl:.

Ako niste sigurni u način upotrebe Booleovih operatora ili ograničavanja polja pretrage, tada je bolje koristiti napredno pretraživanje.

2.3.2. NAPREDNO PRETRAŽIVANJE

Napredno pretraživanja nam omogućava da ključne riječi koristimo za rezultate koji će sadržavati sve riječi, točno navedeni izraz, barem jednu od riječi ili koji neće sadržavati niti jednu od navedenih ključnih riječi.

Nadalje, moguće je odlučiti hoće li se pretraživati dokumenti na samo jednom jeziku (Google nudi mogućnost pretrage na 45 jezika) ili na svim jezicima. Pretragu je moguće ograničiti i s obzirom na geografsku poziciju (državu) gdje se nalaze pretraživani dokumenti.

Pretraga po formatu datoteke označava mogućnost odabira u kojem digitalnom formatu određene dokumente želimo pretražiti. Google nudi opcije Word, PDF, Power point, Postscript, Excel, RTF i Flash format, dok se klasične web stranice pretražuju kod odabira opcije "svi formati".

Datum kad je Google prvi put indeksirao neki rezultat još je jedna od opcija ograničavanja pretraživanja. Google nudi vremenska ograničenja: bilo kada, u prošla 24 sata, prošli tjedan, prošli mjesec i prošlu godinu.

Pretraživanje se kod Google može ograničiti i s obzirom na mjesto pojavljivanja: bilo gdje na stranici, u naslovu stranice, u tijelu stranice, u domeni (URL) ili poveznicama.

Nadalje, pretraga se može ograničiti na rezultate sa samo jedne domene (URL), te s obzirom na autorska prava. Napredno pretraživanje uključuje i pretragu web stranica sličnih stranici koja se navede i pretragu stranica koje imaju poveznicu na stranicu koja se navede.

U novinarskom smislu su kod pretraživanja Interneta bitne opcije naprednog Google pretraživanja:

1. Opcije ključnih riječi
2. Odabir jezika
3. Odabir geografske pozicije
4. Format datoteke
5. Datum
6. Domena.

Kako bi suzili područje pretrage na hrvatske rezultate, kod naprednog pretraživanja odabrat ćemo hrvatski jezik i Hrvatsku kao geografsku poziciju. Opcija datum bit će korištena kako bi okvirno odredili u kom je razdoblju podatak (dokument) objavljen. U pravilu se dokumenti koji sadrže statističke podatke na web stranicama objavljuju u pdf ili excel formatu i vrlo je vjerojatno da ih lokalna tražilica na stranici neće moći pretraživati. Stoga se odabirom formata datoteke na Google tražilici može doći do još detaljnije pretrage, odnosno moguće je pretraživati samo takve dokumente. Ako web stranica nema tražilicu ili je tražilica ograničena, tada se upisivanjem URL adrese u opciju domena pretraga ograničava na isključivo tu web stranicu. Na takav način moguće je pronaći dokumente koji su "skriveni" od javnosti.

Rezultati pretraživanja imaju četiri osnovne informacije:

1. Naslov (prva linija svakog rezultata - naslov stranice)
2. Izvadak iz teksta stranice – koji Googleov algoritam automatski generira iz sadržaja stranice
3. URL - adresa web stranice
4. Spremljeno u privremenu memoriju (poveznica na sadržaj web stranice koji je pohranjen u bazu podataka tražilice engl. Cached).

Slika 4 - Rezultati Google pretrage

U gornjem desnom dijelu stranice naveden je ukupan broj rezultata, dok je na dnu u sredini navedeno listanje svih rezultata. Dovoljno je kliknuti na broj, slovo ili natpis slijedeća (stranica).

Opcija "Spremljeno u privremenu memoriju' je vrlo važna jer i nekoliko mjeseci nakon eventualnog uklanjanja s orginialne web stranice ostaje dostupan u Google bazi.

2.4. LITERATURA I DALJNJE ČITANJE

1. Bass, F. The Association Press Guide to Internet Research and Reporting. Cambrdige: Perseus, 2001.
2. Dornfest. R., Bausch. P., Calishain. T. Google Hacks: Tips & Tools for Finding and Using the World's Information. 3ed. O'Reilly Media, 2006.
3. Hock. R. The Extreme Searcher's Internet Handbook: A Guide for the Serious Searcher. 2.ed. Information Today, 2007.
4. RSS. Wikipedia. URL: http://en.wikipedia.org/wiki/RSS_%28file_format%29 (15.10.2009.)
5. Singley. M. HOW TO: Use Google Reader Like A Rockstar. URL: http://mashable.com/2008/12/07/how-to-use-google-reader/(15.10.2009.)
6. Težak, Đ. Pretraživanje informacija na Internetu. Zagreb: Hrvatska sveučilišna naklada, 2002.
7. UC Berkeley. The BEST Search Engines. URL: http://www.lib.berkeley.edu/TeachingLib/Guides/Internet/SearchEngines.html
8. Web feed. Wikipedia. URL: http://en.wikipedia.org/wiki/Web_feed (15.10.2009.)

3. DRUGE VRSTE PRETRAŽIVANJA I RSS

U ovom poglavlju bit će prikazana upotreba Googlea za pretraživanja fotografija, videa, knjiga i geografskih pozicija. Google opcije pretraživanja novosti, blogova i newsgrupa bit će obrađene u drugim poglavljima.

Pored drugih vrsta pretraživanja, u ovom poglavlju bit će riječi o upotrebi RSS (Real simple sindication) za danji nadzor i čitača Google RSS Readera. Također, bit će objašnjena upotreba Google alarma novosti.

3.1. PRETRAŽIVANJE FOTOGRAFIJA

Za novinara je pretraživanje fotografija posebno važno u slučajevima:

1. Kad je potrebno utvrditi kako neka osoba izgleda
2. Kad je potrebno pronaći nove informacije o nekom događaju ili slučaju
3. Kod preuzimanja fotografija (samo onih kod kojih je omogućeno korištenje – treba voditi računa o autorskim pravima).

Pravila koja vrijede za jednostavno pretraživanje na Googleu vrijede i u slučaju pretraživanja fotografija. Međutim, napredno pretraživanje se dobrim dijelom razlikuje i prilagođeno je fotografijama.

Osim upisa ključnih riječi, napredna pretraga fotografija omogućava pretragu prema sadržaju fotografije. Kod pretraživanja je moguće odrediti slijedeće opcije sadržaja:

- Bilo koji sadržaj
- Sadržaj vijesti
- Lica
- Sadržaj fotografije

- Isječak crteža
- Crteži.

Nadalje, može se odrediti okvirna ili točna veličina fotografije (u pixelima), proporcije (visoko, kvadrat, široko i panoramski), vrste datoteka (jpg, gif, png i bmp), boje (crno-bijelo i u boji) i domena.

S obzirom da sama objava fotografija na Internetu ne znači da bilo tko ima pravo te fotografije koristiti, Google nudi mogućnost pretraživanja i prema pravilima korištenja. U tom se smislu nude opcije:

- Nije filtrirano licencom
- Označeno za ponovno korištenje (korištenje za nekomercijalne svrhe)
- Označeno za ponovnu komercijalnu upotrebu (korištenje fotografija u komercijalne svrhe)
- Označeno za ponovnu upotrebu s izmjenama (korištenje za nekomercijalne svrhe u skladu s licencom)
- Označeno za ponovnu komercijalnu upotrebu s izmjenama (korištenje za komercijalne svrhe u skladu s licencom).

Google upozorava da je neophodno provjeriti je li licenca valjana i koja su prava u njoj naznačena. Na primjer, većina autora traži da se pri objavi fotografije navede njihovo ime.

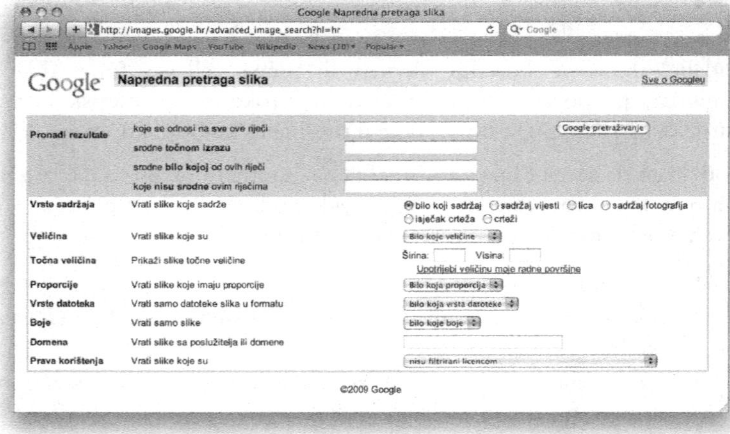

Slika 5 - Napredna pretraga slika

Pregled rezultata pretrage omogućava se klikom na malu fotografiju. Za svaku fotografiju u rezultatima, osim ključnih riječi i fotografije malih dimenzija, navedene su dimenzije u pikselima te URL izvori.

Za pretraživanje fotografija vrlo korisni mogu biti servisi za besplatno hostanje i razmjenu fotografija, kao što su Flickr.com, Slides.com, Photobucket.com i hrvatska inačica Pticica.com. Flickr.com predstavlja jednu od najvećih baza fotografija koju je moguće pretraživati i s obzirom na prava korištenja, tako da se pojedine fotografije mogu koristiti i u komercijalne svrhe. Arhiva seže do kolovoza 2004. godine. Slično, ali dosta skromnije, Pticica.com omogućuje pretragu fotografija prema ključnim riječima.

3.2. PRETRAŽIVANJE VIDEA

Video može biti dobar izvor za novinare, pogotovo ako se radi o nečijem govoru, izjavi ili snimci neke nesreće, odnosno događaja.

Kao i u prethodnom slučaju, pravila koja vrijede za jednostavno pretraživanje web stranica, vrijede i za pretraživanje videa. Za razliku od prethodnih, ovaj servis je na engleskom jeziku.

Osim upisa ključnih riječi, napredno pretraživanje video sadržaja omogućava ograničenje pretrage na jezik na kojem je video (uključujući hrvatski jezik), duljinu trajanja videa (do 4 minute, od 4 do 20 minuta i preko 20 minuta), vrijeme objave videa (danas, prošli tjedan i prošli mjesec), domenu na kojoj je video objavljen, naslov i format videa (asf, avi, flv, m4v, mov, mp4, mpg i wmv).

Napredna pretraga videa omogućava sortiranje rezultata po relevantnosti, rejtingu, broju pregleda i datumu.

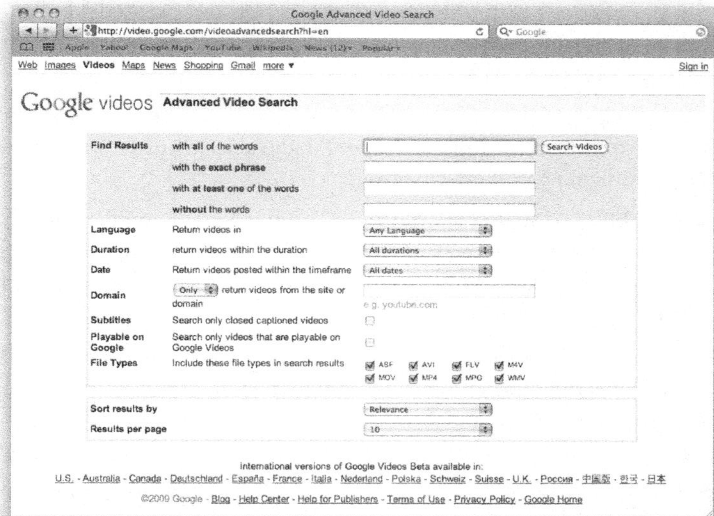

Slika 6 - Napredna pretraga videa

Aktiviranje pregleda videa obavlja se klikom na naslov ili fotografiju videa. Osim naslova i fotografije, svaki rezultat sadrži i podatke o trajanju i okvirnom datumu objave, te URL i kratak opis.

3.3. PRETRAŽIVANJE KNJIGA

Knjige su dobar sekundari izvor o stručnjacima za određeno (znanstveno) područje, istraživanje pozadine novinarske priče, upoznavanje s temom ili traženje ideje za novinarsku priču.

Google knjige (Google Books) omogućavaju pretraživanje cijelog teksta knjiga i časopisa. Za jednostavnu pretragu knjiga vrijede ista pravila kao i za prethodne pretrage. S druge strane, napredno pretraživanje knjiga prilagođeno je toj vrsti dokumenata.

Osim pretrage putem ključnih riječi, napredno pretraživanje knjiga omogućava pretragu prema sadržaju knjige koji je dostupan. Tako postoji mogućnost pretraživanja svih knjiga u bazi, knjiga za koje postoji ograničeni i potpuni pregled, samo potpuni pregled i knjiga za koje ne postoje autorska prava. Također, u sadržajnom smislu, pretraga se još može ograničiti na knjige i/ili časopise.

Pretraga knjiga može se ograničiti s obzirom na jezik (uključujući hrvatski jezik), naslov knjige, autora, izdavača, datum objavljivanja, ISBN (za knjige) i ISSN (za časopise).

Osim što uključuju malu fotografiju naslovnice knjige, rezultati pretrage su jednaki onima za pretragu web stranica. Uz knjigu je navedena vrsta pregleda (ograničen, potpun i nedostupan). Klikom na naslov knjige otvara se pregled knjige.

Pregled knjige je ograničen s obzirom na dopuštenje koje je dao izdavač. Puni pregled omogućava pregled svih stranica knjige, dok ograničen pregled daje samo dio dijela stranica. Ako se promjeni IP adresa računala, moguće je pregledati neki drugi dio ograničene knjige.

Knjiga se pregledava klikom na opciju sadržaj (1), klikom na strjelice stranica (2) ili jednostavno skrolom stranica s desne strane preglednika (3).

Slika 7 - Pregled knjige kroz books.google.com

3.4. PRETRAŽIVANJE GEOGRAFSKIH MJESTA (LOKACIJA)

Vrlo često novinari moraju otići u dio grada (države) u kojem nikada nisu bili. Kako bi utvrdili gdje je lokacija adrese koju traže mogu se koristiti Google maps servisom. To, naravno, nije jedina mogućnost korištenja ovog servisa. Često novinar u svom radu mora usporediti podatke koje je sakupio s njihovim geografskim pozicijama, što također može bit nova tema ili smjer priče.

Upisom adrese ili mjesta u formu, Google maps će izbaciti rezultat koji sadrži točnu geografsku poziciju tražene lokacije ili će dati sugestije što je pogrešno. Rezultat će biti označen kvačicom iznad kojeg će biti navedene poveznice za planiranje puta, zoomiranje, slanje e-mail, GPS uređaj ili mobitel, kao i poveznice za više informacija o mjestu koje smo tražili.

Na vrhu same karte data je mogućnost pregleda geografskog područja u obliku karte, satelitske snimke i kombiniranog pregleda. Svaku opciju moguće je isprintati ili poslati na email.

S lijeve strane izbornika, bit će dane fotografije područja, mjesta vrijedna pregleda, podaci o korisnicima mape i druge dodatne informacije.

Klikom na poveznicu "Get Directions" u gornjem lijevom dijelu ekrana odabire se servis planiranja puta od odabrane destinacije do neke druge geografske pozicije.

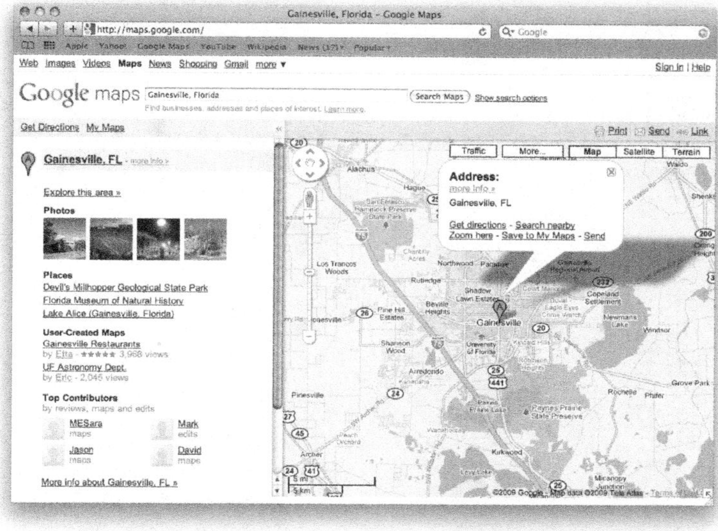

Slika 8 - Google maps

Treba napomenuti da je u sklopu telefonskog imenika T-com.hr (http://imenik.t-com.hr/) također moguće pretraživat geografske lokacije. Ova pretraga nudi mogućnost pronalaženje geografske lokacije određene adrese te dodavanja točaka interesa (transport, hoteli, restorani, trgovine...). Nadalje, nudi mogućnost kartnog, satelitskog i kombiniranog pregleda. Nedostatak je što karta nije detaljna u ruralnim područjima. Servis nudi i mogućnost planiranja puta.

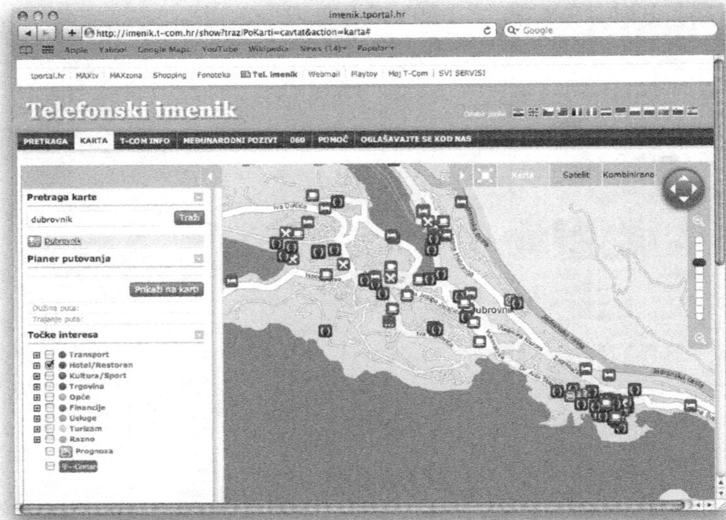

Slika 9 - Pregled pozicija putem telefonskog imenika T-com.hr

3.5. PRETRAŽIVANJE LJUDI

Jedan od najboljih internetskih alata za pretraživanje osoba je pipl.com. Ova tražilica dubinski pretražuje internet i pronalazi podatke o osobama koje nisu vidljive Googleu i drugim sličnim tražilicama. Omogućuje pretragu prema imenu i prezimenu osobe, prema email adresi, korisničkom računu u i broju telefona (ograničeno na SAD i Kanadu).

Rezultati su grupirani prema publikacijama kojima je osoba autor, web stranicama na kojima se osoba spominje, blog postovima i dokumentima u kojima se osoba spominje. Također, dani su prijedlozi komercijalnih alata koje je moguće koristiti kako bi se pronašli daljnji podaci.

Dobar izvor podataka o adresama predstavlja online baza telefonskih brojeva koju vodi T-Com, a nalazi se na web adresi http://www.tportal.hr/imenik/. Osim adrese, ako je osoba u bazi, može se pronaći i broj fiksnog telefona i mobitela. Pretraživanje se može izvršiti temeljem ključnih riječi u obliku imena i prezimena, a sužavanje pretraživanja obavit će se ispunjanjem polja županija i mjesto/naselje.

Podaci o broju mobitela, ako se radi o nekoj drugoj mobilnoj mreži, mogu se pronaći za Vip korisnike na web adresi http://www.vipnet.hr/cw/d_imenik. Uz broj mobitela bit će prikazan i poštanski broj, što će suziti pretragu mjesta gdje ta osoba ima prijavljeno prebivalište. Pretraživanje se, kao i u slučaju T-Coma, može obaviti temeljem imena i prezimena te broja mobitela.

Do e-mail adresa može se doći specijaliziranom pretragom jedine hrvatske tražilice Pogodak.hr. Na web adresi http://www.pogodak.hr/index.jsp?tab=emails&q= moguće je pretraživati e-mail adrese koje su dostupne na hrvatskom webu. Nažalost, podaci dobiveni preko ove tražilice nisu uvijek točni i aktualni. Bez obzira na izvor, prije upotrebe neophodno je provjeriti autentičnost adrese elektroničke pošte[9].

Još jedna tehnika pronalaženja e-mail adrese jest povezivanje osobe i institucije. Podaci o radnom mjestu neke osobe olakšat će traženje e-mail adrese. Ukoliko postoji web stranica institucije, vrlo vjerojatno će na njoj biti i kontakt adrese zaposlenika.

3.6. RSS ZA DALJNJI NADZOR

Vrlo je često je, nakon što se pronađe izvor, neophodno nastaviti i njegov daljnji nadzor. Jedno od rješenja nudi RSS (Realy Simple Sindication) koji predstavlja novi format dostave podataka za opskrbu korisnika novim sadržajem.

RSS u pravilu koriste web stranice koje često mijenjaju sadržaj (online mediji), ali i blogovi i podcastovi. Za pregled RSS-a neophodan je

[9] Brautović, Mato. Elektronička pošta i njezina upotreba u novinarstvu: Studija slučaja Butković - Sanader. // Medianali. 4 (2008); 31-40.

poseban softver ili preglednik (aggregator). Postoji više vrsta preglednika za čitanje RSS:

- online preglednici
- samostojeći preglednici
- web preglednici (Internet Explorer, Mozilla,..)

Preglednici rade na principu povezivanja programa i web stranica pomoću poveznica (feed). Kad se zatraži od programa, on kontaktira web stranicu i preuzima sadržaj. Sami podaci najčešće su u HTML-u, a mogu biti i u drugim oblicima (multimedija). Sadržaj koji se preuzima je najčešće u obliku naslova i sažetaka.

RSS ima niz prednosti u odnosu na klasični način pristupa sadržaju iz niza razloga. Korisnici bivaju obaviješteni o sadržaju bez potrebe da posjete web stranicu, a sadržaj je jednostavnije prezentiran i nije potrebno poznavati kompleksnu navigaciju web stranice kako bi mu se pristupilo. Također, multimedijalni sadržaj se automatski učitava na računalo korisnika. Sve to omogućuje stvaranje vlastite arhive tekstova, koju je lako pretražiti.

Jednako tako, RSS ima prednosti u odnosu na e-mail jer nije potrebno dati svoju e-mail adresu (privatnost) da bi se preuzeo sadržaj određene web stranice, a uklanjanjem poveznice iz preglednika, prestaje i primanje novosti s te stranice.

Da bi mogli koristiti RSS potrebno je imati agregator (program poput Outlooka) i copy/past poveznicu u programu ili imati korisnički račun na nekom od besplatnih servisa. Jednako tako, web stranica čiji se sadržaj želi preuzeti mora imati takav servis koji je označen s oznakama RSS, XML ili ATOM.

Novinarima RSS omogućava praćenje velikog broja izvora novosti, specifikaciju vrste novosti i uspostavu vlastite arhive novosti koju je lakše pretraživati (vrsta podataka, vrijeme objave i ključne riječi).

3.6.1. UPOTREBA GOOGLE RSS READERA

Google RSS Reader (www.google.com/reader) predstavlja jedan od najjednostavnijih (i besplatnih) preglednika za čitanje RSS. Da bi ga mogli koristiti, neophodno je otvoriti gmail račun (Googlov besplatni e-mail).

Nakon logiranja na servis, dobije se pregled različitih feedova koji se automatski učitavaju. Međutim, kako bismo osigurali učitavanje feedova koje želimo, neophodno je poći na stranice koje imaju RSS i kopirati feed (CTRL C). Klikom na tipku+Add a subscription u gornjem lijevom kutu Google RSS Readera otvara se formular u koji zalijepimo kopirani feed (CTRL V). Ovo je potrebno ponavljati dok u servis ne budu ubačeni svi zanimljivi feedovi.

Po završetku procesa, preglednik će se redovito puniti zanimljivim novostima. Također, preglednik nudi i mogućnost razmjene novosti i/ili postavljanja vlastitih bilješki uz svaku novost. Jednako tako, omogućuje i uvid u sadržaj koji pregledavaju registrirani prijatelji.

3.6.2. SAMOSTOJEĆI RSS PREGLEDNICI

Za pregled RSS-a neophodan je poseban softver (aggregator) poput GreatNews, RssReader, Feedreader i SharpReader.

Prednost ovakvog načina pregleda RSS je uspostava bolje arhive novosti, nego li je slučaj kod Google RSS Readera. Takvu arhivu je lakše pretraživati s obzirom na vrstu podataka, vrijeme objave i ključne riječi, jer je ograničena na, za novinara, tematski važno područje.

3.7. GOOGLEOV ALARM NOVOSTI

Zbog svakodnevnih obveza novinar nije u mogućnosti svakodnevno pretraživati organizacije, osobe, proizvode, usluge... koje je dužan pratiti. Na sreću, najveća tražilica Google radi to umjesto Vas.

Google, među ostalim, ima servis koji se zove News Alert, koji omogućava dva načina korištenja. Ako korisnik nema gmail račun, tada na stranici www.google.com/alerts može definirati ključne riječi (pojam koji može biti naziv organizacije, naziv proizvoda, ime i prezime osobe), vrstu mjesta gdje se taj pojam pojavljuje (vijesti, blog, web stranica, video, newsgrupa ili svugdje), koliko često će se provjeravati (izvještavati – kad se pojavi, dnevno ili tjedno) i email adresu gdje će se ta informacija dostavljati.

Ako je riječ o registriranom gmail korisniku, stranica omogućuje personaliziranje sadržaja. Klikom na New alert u donjem desnom dijelu ekrana otvorit će se formular u koji je moguće unijeti iste podatke kao u prethodnom slučaju. Prednost ovakvog pristupa je mogućnost naknadnog uređivanja svakog alarma novosti i mogućnost odabira formata obavijesti (html ili tekstualni email).

3.8. LITERATURA I DALJNJE ČITANJE

1. Barker. D.I., Terry. C. I. Internet Research – Illustrated. 4 ed. Course Technology, 2008.
2. Dornfest. R., Bausch. P., Calishain. T. Google Hacks: Tips & Tools for Finding and Using the World's Information. 3ed. O'Reilly Media, 2006.
3. Hock. R. The Extreme Searcher's Internet Handbook: A Guide for the Serious Searcher. 2.ed. Information Today, 2007.
4. Shaw. M. Mastering Online Research: A Comprehensive Guide to Effective and Efficient Search Strategies. Writers Digest Books, 2007.

4. EVALUACIJA INTERNETSKIH IZVORA

4.1. UVOD

U ovom poglavlju biti će prikazani glavni problemi s internetskim izvorima. Naučit ćete kako upotrijebiti domenu, odnosno URL adresu za utvrđivanje tko je nakladnik određene web stranice i može li se ta stranica koristiti kao pouzdan web izvor.

Nadalje, upoznat ćete se s osnovnim kriterijima za procjenu kredibiliteta izvora i naučit ćete koristi osnovne metode provjere točnosti. Dio specifičnih provjera točnosti podataka i informacija s Interneta biti će obrađen u narednim poglavljima.

Kod korištenja internetskih izvora treba se voditi zlatnim pravilom da, iako je nešto objavljeno na Internetu, ne znači da se taj podatak ili informacija mogu doslovno citirati. Svaki podatak ili informaciju neophodno je provjeriti kod njezinog autora. Također, kod pozivanja na izvore koje su pronađeni na Internetu veliku pažnju treba posvetiti njihovom referiranju. Nikada se kao izvor podataka ne smije navesti Internet. To je isto kao da se, umjesto knjige, navedena knjižnica.

4.2. DOMENA KAO INDIKATOR TOČNOSTI

Nakon što upotrebom tražilice ili direktnim upisom domene pronađemo željeni podatak ili informaciju, neophodno je izvršiti provjeru te stranice. Prvo što novinar treba napraviti jest izvršiti provjeru domene (URL) web stranice.

Prvi korak koji je neophodno poduzeti jest analizirati samo domenu. Ako domena sadrži osobno ime ili je smještena na besplatnom serveru, možemo reći kako se radi o nepouzdanim podacima ili informacijama. Besplatni server se identificira na način da domena u pravilu sadrži znak ~ ili dio domene čine naziv 50webs.com, geocities.com, freeweb.com...

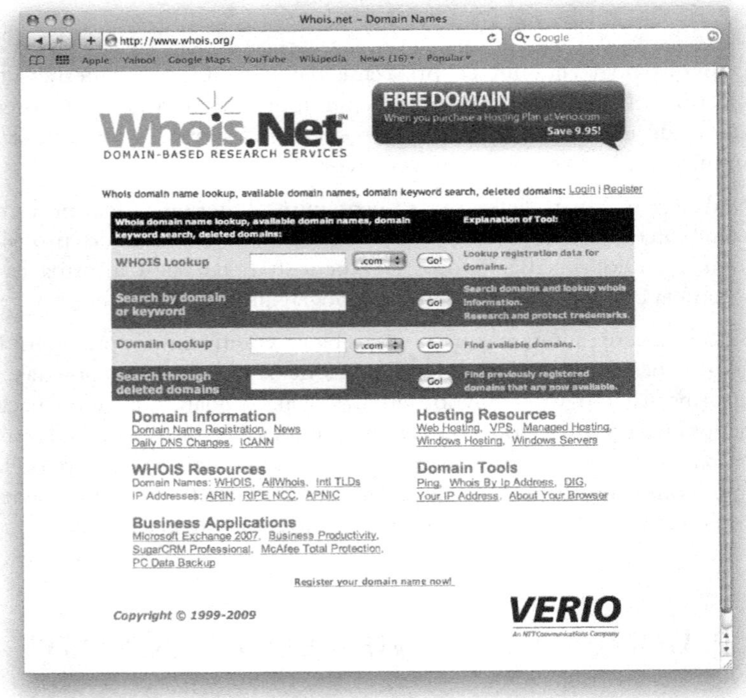

Slika 10 - Who is servis za utvrđivanje vlasništva nad domenom

Također, vršna oznaka domene mnogo nam govori o tome o kakvom je izvoru riječ. Kad je riječ o američkim web stranicama, obrazovne institucije imaju vrsnu oznaku .edu, vladine .gov, vojne .mil. Podaci koje možete pronaći na takvim web stranicama se u pravilu mogu koristiti u novinarstvu bez daljnje provjere. S druge strane, vršne oznake .com, .net, .biz, .info, .org i druge automatski ne znače da su podaci na njima pouzdani, jer se radi o web stranicama čije nakladnike treba provjeriti. Poprilično pouzdane web stranice su one koje administriraju pojedine zemlje (u hrvatskom slučaju .hr), jer nacionalne administracije vode službene evidencije o vlasnicima, odnosno nakladnicima, a samim time odgovornost za objavu je lakše utvrditi i eventualno kazniti.

Ono što novinar može napraviti kako bi otkrio tko stoji iz tih stranica, jest provjeriti njihovog vlasnika. To je vrlo jednostavno učiniti za 99 posto web stranica. Ako je to nemoguće, tada se takve stranice pod nikakvu cijenu ne smiju koristiti kao novinarski izvor. Da bi domena bila anonimna, nakladnik se mora poprilično potruditi i za to očigledno postoje neki razlozi / za novinara dovoljno da posumnja u vjerodostojnost podataka i informacija.

Provjera se može izvršiti korištenjem nekih od besplatnih alata za provjeru vlasništva. Jedan od njih je Whois.org (www.whois.org). Jednostavnim upisom naziva domene dobijemo rezultat koji sadrži podatke o tome na koga je registrirana domena i kontakt podatke vlasnika, tko je administrator domene i njegove kontakt podatke, tko tehnički održava domenu i njegove kontakt podatke, na koga glasi račun za korištenje domene i njegove kontakt podatke te na kraju i naziv tvrtke koja je izvršila registraciju i njene kontakt podatke. Ovim alatom moguće je pretražiti veliki broj domena komercijalnog karaktera.

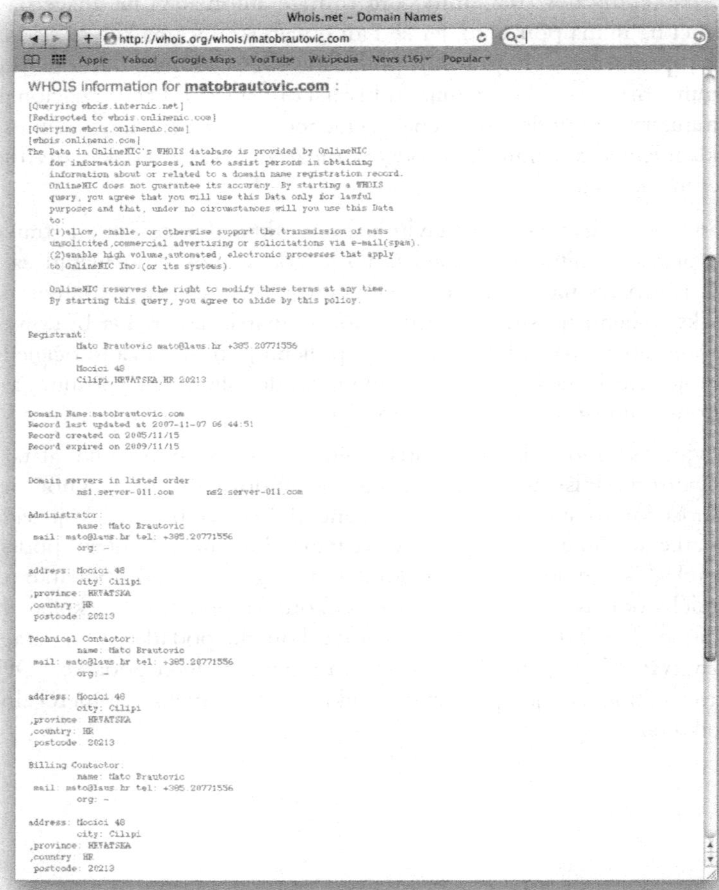

Slika 11 - Rezultat pretrage vlasništva servisom Who is

Međutim, ako želimo pretražiti domene koje završavaju na .hr (hrvatske domene), tada je to moguće napraviti na stranicama Carneta (www.dns.hr/pretrazivanje.html). Upisom domene u formu, vrlo brzo će se dobiti podaci o vlasniku i njegovoj adresi. Za .hr domene koje imaju oznaku HR-V I HR-I (domene s nazivima zemljopisnih objekata, prirodnih, povijesnih i kulturnih bogatstava, područja ljudske djelatnosti) može se izvršiti abecedni pregled i pregled dokumentacije temeljem koje je izvršena registracija.

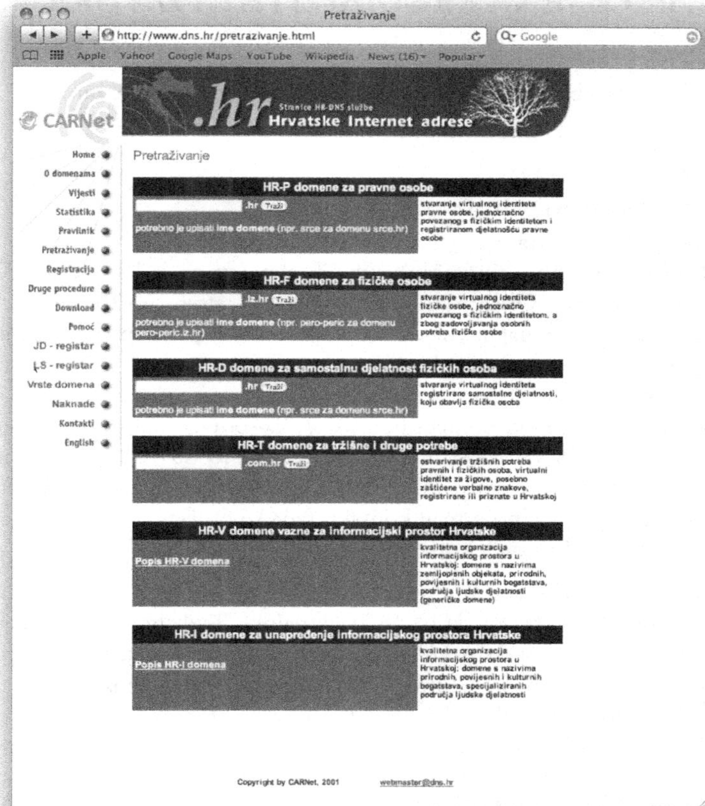

Slika 12 - Pretraga vlasništva .hr domena

Nakon što je utvrđeno tko je vlasnik domene, potrebno je provjeriti smislenost domene, odnosno je li logično da vlasnik domene objavljuje podatke koje ste pronašli na stranici. Ako jest, tada se kreće s procjenom kredibiliteta izvora.

4.4. PROCJENA KREDIBILITETA IZVORA

Procjena kredibiliteta izvora temelji se na slijedećima principima:

- Vlasništvo
- Vrijeme objave
- Dokumentiranost
- Drugi o stranici

Vlasništvo se, osim provjere vlasnika domene, ponekad može utvrditi i na samoj stranici. Obično na svako stranici postoje rubrike naziva "O organizaciji", "O nakladniku", "O nama", "impresum"...na kojima mora biti navedeno tko je vlasnik i nakladnik stranice, koji su mu ciljevi ili planovi, te kontakt podaci. Da bi stranica s aspekta vlasništva bila novinarski upotrebljiva, neophodno je da pored elektroničke pošte postoje i podaci o fizičkom kontaktu, kao što su naziv nakladnika, poštanska adresa i kontakt telefon . Ako na stranici ne postoje kontakt podaci ili postoji samo e-mail kontakt, tada se podaci s takve stranice u novinarstvu ne bi smjeli koristiti.

Drugi kriterij za provjeru je vrijeme objave. Vrlo često se na Internetu mogu pronaći podaci koji nisu aktualni. Različite organizacije i pojedinci pokreću web stranice, ali se te stranice ne ažuriraju. Ako na stranici nije naveden datum kad je stranica objavljena ili kada je pojedini dokument objavljen, tad te podatke treba uzeti s rezervom. Ozbiljan nakladnik će uz svaku informaciju ili podatak navesti datum objave, odnosno izmjene. Informacija bez vremena objave jednaka je anonimnoj informaciji.

Dokumentiranost je također jedan o kriterija koje treba uzeti u obzir kada se procjenjuje kredibilitet izvora. Dokumentiranost u načelu označava iskorištavanje mogućnosti Interneta da se autor putem poveznica referira na izvore podataka koje koristi. Ono što novinar mora napraviti jest provjeriti na koje se izvore autor poziva putem poveznica (bilješke i poveznice) i imaju li ti izvori kredibilitet. Vrlo često na Internetu se mogu pronaći informacije koje imaju marketinški karakter ili su jednostavno lažne, a na koje se autori mogu referirati. Također, vrlo je važno da informacije iz drugih izvora nisu izmijenjene ili izvađene iz konteksta. U pravilu, kod informacija koje imaju vrijednost za novinara i druge korisnike navedena su dopuštenja ili informacije o zaštiti autorskih prava. Ako informacije nisu dokumentirane, novinar se ne smije koristiti takvim izvorom.

Još jedan od kriterija provjere točnosti jest provjera koliko korisnika upotrebljava stranicu. Postoji veći broj besplatnih servisa, a novinarima je dovoljno da provjere www.alexa.com i www.google.com/analytics/. Što je veći broj korisnika, to je veći kredibilitet stranice.

Na stranici Alexa.com potrebno je odabrati rubriku Site info i nakon toga SiteLookup. Nakon upisa domene web stranice, dobije se sumarni rezultat na kojem se vidi broj posjetitelja, odnosno promet stranice.

Također, ovaj kriterij je moguće dodatno provjeriti utvrđivanjem broja drugih izvora koji se referiraju na tu stranicu. Za potrebe provjere referiranosti neophodno je koristiti ograničenje pretrage link: na tražilici Google.

Slika 13 - Provjera posjećenosti uz pomoć servisa Alexa

Dobar način provjere reputacije je utvrđivanje nalazi li se stranica u nekom od direktorija s reputacijom (www.lii.org; www.about.com; infomine.ucr.edu)?

Pored reputacije strance, neophodno je provjeriti i reputaciju autora. Najlakši način je ime autora potražite u Google tražilici (što drugi kažu o autoru).

Ako stranica ne zadovoljava jedan od navedenih kriterija, novinari ne bi smjeli koristiti podatke ili informacije objavljene na toj stranici.

4.5. METODE PROVJERE TOČNOSTI

Osim prethodno navedenih osnovnih načela provjere točnosti, postoji veći broj metoda provjere točnosti. Ovdje su naveden samo neke:

- Cornell University Library (http://www.library.cornell.edu/olinuris/ref/research/skill26.htm)
- UC Berkeley Library (http://www.lib.berkeley.edu/TeachingLib/Guides/Internet/Evaluate.html)
- Johns Hopkins University http://www.library.jhu.edu/researchhelp/general/evaluating/index.html)

4.6. LITERATURA I DALJNJE ČITANJE

1. Evaluating Web Pages: Techniques to Apply & Questions to Ask. URL: http://www.lib.berkeley.edu/TeachingLib/Guides/Internet/Evaluate.html. (1. listopada 2009.)
2. Evaluating Web Sites: Criteria and Tools. URL: http://www.library.cornell.edu/olinuris/ref/research/webeval.html (1. Listopada 2009.)

5. VLADINE SLUŽBENE WEB STRANICE KAO NOVINARSKI IZVORI

5.1. UVOD

U ovom poglavlju bit će navede različite službene web stranice (izvršne i zakonodavne na nacionalnoj razini) koje mogu biti korisne novinarima. Nakon čitanja ovog poglavlja, znat ćete koje ćete podatke moći pronaći na svakoj od navedenih web stranica, te gdje se nalaze različite baze podataka koje su dostupne online.

Treba imati na umu kako se dio domena web stranica i podataka na njima s vremenom izmijenio. Stoga, kako bi pronašli tražene web stranice, treba samo u Googleu potražiti naziv institucije. Napominjem kako neće biti prikazane sve, za novinare potencijalno zanimljive, stranice jer niti bi u ovoj knjizi bilo dovoljno prostora za nji,h niti bi to bilo u skladu sa svrhom ove knjige.

5.2. VLADA

Vlada Republike Hrvatske (www.vlada.hr) ima vrlo opsežnu web stranicu. Naslovnica ove stranice u pravilu sadrži za Vladu najaktualnija zbivanje – posljednju sjednicu Vlade, a novinari mogu preuzeti odluke i dokumente, poslušati audio snimke i pročitati priopćenja sa zatvorenog dijela sjednice.

Kao i kod većine službenih stranica, novinarima je na raspolaganju rubrika Kutak za medije, na kojoj se redovito objavljuju priopćenja za javnost, najave, izjave i govori, dnevni redovi sjednica. Također, moguće je izvršiti pregled najava budućnih događanja s posebnim napomenama, te izvršiti prijavu za sudjelovanje na događanjima Vlade RH (akreditacija). Međutim, da bi koristili ove usluge, neophodno je izvršiti registraciju.

Druga zanimljiva rubrika je Multimedija i fotogalerije, gdje se besplatno mogu pronaći video, audio i fotografski materijali. Rubrika se ažurno održava.

Rubrika adresa je jako dobra jer nam daje uvid u sve urede, agencije, ministarstva koji djeluju u sklopu Vlade RH. Za svaku instituciju su navedeni kontakt podaci i web adresa.

Pretraga stranice Vlade RH ima nudi svije mogućnosti: jednostavno i napredno pretraživanje. Napredno pretraživanje uključuje ograničenje polja pretrage s obzirom na vrste dokumenata, kategorije i vremensko razdoblje. Također, moguće je pojedinim dokumentima pristupiti kroz selekciju najčitanijih sadržaja, najtraženijih pojmova i najviše poslanih e-mail poruka.

Treba spomenuti još i rubriku preuzimanja gdje se mogu preuzeti različite publikacije, zakoni, uredbe i drugi dokumenti Vlade.

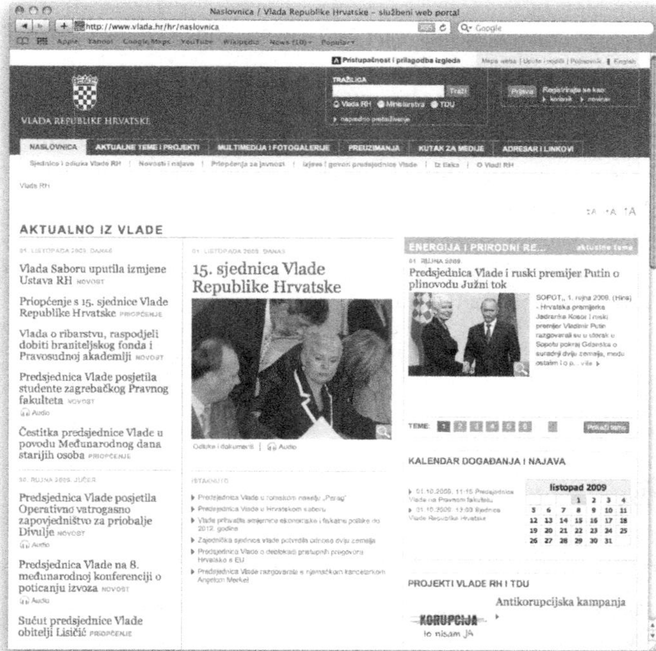

Slika 14 - Početna stranica Vlada.hr

5.3. SABOR RH

Web stranica Sabora RH je donosi osnovne informacije o radu Sabora, saborskim zastupnicima i saborskim službama. Novinarima je najinteresantniji dio s najavama i arhivom saborskih sjednica koje se redovito održavaju dva puta godišnje: prvi put između 15. siječnja i 15. srpnja, a drugi put između 15. rujna i 15. prosinca. Izvan tih rokova Sabor, uz uvjete predviđene Ustavom Republike Hrvatske i Poslovnikom Hrvatskoga sabora, može održavati izvanredne sjednice[10].

---

[10] Sabor RH. O zasjedanju Hrvatskoga sabora. URL: http://www.sabor.hr/Default.aspx?sec=36 (28.10.2009)

- Aktualni dnevni red (http://www.sabor.hr/Default.aspx?sec=2148)
- Arhiva dnevnih redova (http://www.sabor.hr/Default.aspx?sec=2321)
- Zapisnici (http://www.sabor.hr/Default.aspx?sec=2150)
- Prijenosi sjednica (http://itv.sabor.hr/video/)
- Arhiva videa (http://www.sabor.hr/Default.aspx?sec=2733)

Pored sjednica Sabora, novinarima su zanimljive i sjednice radnih tijela (http://www.sabor.hr/Default.aspx?sec=2142), odnosno mogućnost pregleda arhive dokumenata tih tijela.

Slika 15 - Web stranica Sabora RH

5.4. MINISTARSTVA

U vrijeme pisanja ove knjige Vlada RH imala je 16 ministarstava i svako od njih je imalo svoju web stranicu. U ovom dijelu bit će sumarno prikazane sve web stranice i osnovne informacije koje se tamo mogu pronaći, dok će u idućim poglavljima biti detaljnije pojašnjenje novinarima najzanimljivije stranice.

Prilikom pregleda web stranice potrebno je najprije potražiti Katalog informacija kako bi se utvrdilo koje su informacije dostupne javnosti i od koga ih treba tražiti. Katalog su ministarstva, ali i druge institucije u državnom vlasništvu, prema Zakonu o pravu na pristup informacijama, dužne pripremiti i odrediti osobu koja je odgovorna za dostavu informacija.

Ministarstvo	*Web*	*Podaci*
Ministarstvo obitelji, branitelja i međugeneracijske solidarnosti **Trg hrvatskih velikana 6, 10 000 Zagreb** **Telefon: 01/ 230 8800, 01/ 230 8906** **Fax: 01/ 230 8852**	www.mobms.hr	Kontakti Osnovne informacije o ministru i ministarstvu Novosti Zakoni i pravilnici Natječaji Javna nabava Programi djelovanja Jednostavna pretraga
Ministarstvo gospodarstva, rada i poduzetništva **Ulica grada Vukovara 78, 10 000 Zagreb** **Centrala : (01) 6106**	www.mingorp.hr	Kontakti Osnovne informacije o ministru i ministarstvu Novosti Zakoni i pravilnici Natječaji

111 **E-mail : javnost@mingorp.hr**		Javna nabava Programi djelovanja Jednostavna pretraga OBRTNI REGISTAR (http://portor.mingorp.hr/) NATJEČAJI ZA POTICANJE MALOG I SREDNJEG PODUZETNIŠTVA (www.mingorp.hr/default.aspx?id=1618)
Ministarstvo vanjskih poslova i europskih integracija **Trg N. Š. Zrinskog 7-8, 10000 Zagreb** **Telefon: 01 4920 149** **Faks: 01 4551 795**	www.mvpei.hr	Kontakti Osnovne informacije o ministru i ministarstvu Press ured Novosti Programi djelovanja Jednostavna pretraga Pregled diplomatskih predstavništva u RH i Svijetu Vizni režimi
Ministarstvo financija **Katančićeva 5, 10000 Zagreb, Hrvatska** **Telefon: (01) 4591-333** **Faks: (01) 4922-583** **Faks: (01) 4922-586**	www.mfin.hr	Kontakti Osnovne informacije o ministru i ministarstvu Press ured Novosti Programi djelovanja Jednostavna pretraga Zakoni i propisi

		Publikacije Natječaji AKTUALNI DRŽAVNI PRORAČUN (www.mfin.hr/hr/drzavni-proracun-2009) ARHIVA DRŽAVNIH PRORAČUNA OD 1998 (www.mfin.hr/hr/drzavni-proracun-arhiva) UPUTE ZA IZRADU LOKALNIH PRORAČUNA FINANCIJSKI PLANOVI IZVANPRORAČUNSKIH KORISNIKA (Hrvatske ceste, Hrvatski fond za privatizaciju, Hrvatske vode…)
Ministarstvo obrane **Trg kralja Petra Krešimira IV. br. 1, 10000 Zagreb** **Telefon: (01) 4567-111** **Faks: (01) 4567-963** **E-mail: infor@morh.hr**	www.morh.hr	Kontakti Osnovne informacije o ministru i ministarstvu Press ured Novosti Programi djelovanja Jednostavna pretraga Zakoni i pravilnici
Ministarstvo unutarnjih poslova **Ulica grada**	www.mup.hr www.policija.hr	Kontakti Osnovne informacije o

Vukovara 33, 10 000 Zagreb **Tel: 01/6122 111** **E-mail: javnost@mup.hr**		ministru i ministarstvu Press ured Novosti Programi djelovanja Jednostavna pretraga POTRAGE (Tjeralice, nestale osobe, umrlice, nepoznati počinitelji kaznenih dijela) ADRESAR POLICIJSKIH UPRAVA
Ministarstvo pravosuđa **Dežmanova ulica 6 i 10, 10000 Zagreb**	www.pravosudje.h r	Kontakti Osnovne informacije o ministru i ministarstvu Press ured Novosti Programi djelovanja Jednostavna pretraga NATJEČAJI I IMENOVANJA DIGITALNI ZEMLJIŠNIK KNJIGA (http://e-izvadak.pravosudje.hr/) OGLASNA PLOČA SUDOVA (http://e-oglasna.pravosudje.hr/) SUDSKI REGISTAR TRGOVAČKIH PODUZEĆA (https://sudreg.pravosu

		dje.hr/) SUDSKA PRAKSA VRHOVNOG SUDA (http://sudskapraksa.vsrh.hr) SUDAČKA MREŽA (www.sudacka-mreza.hr) REGISTAR UDRUGA (www.uprava.hr) KATASTAR (www.katastar.hr) DRŽAVNO SUDBENO VIJEĆE (www.dsv.pravosudje.hr)
Ministarstvo mora, prometa i infrastrukture **Prisavlje 14, 10 000 Zagreb** **Telefon: 01 6169 111**	www.mmpi.hr	Kontakti Osnovne informacije o ministru i ministarstvu Press ured Novosti Programi djelovanja Jednostavna pretraga ZAKONI I PROPISI NATJEČAJI I ARHIVA NATJEČAJA OD 2004.
Ministarstvo poljoprivrede, ribarstva i ruralnog razvoja **Ulica grada Vukovara 78, 10000**	www.mps.hr	Kontakti Osnovne informacije o ministru i ministarstvu Press ured Novosti

Zagreb Telefon: (01) 6106 111 Faks: (01) 6109 201 E-mail: office@mps.hr		Programi djelovanja Jednostavna pretraga ZAKONI I PROPISI NATJECAJI
Ministarstvo zaštite okoliša, prostornog uređenja i graditeljstva **Ulica Republike Austrije 20, 10 000 Zagreb** **Telefon: 01/ 3782-444** **Faks: 01/ 3772-822**	www.mzopu.hr	Kontakti Osnovne informacije o ministru i ministarstvu Press ured Novosti Programi djelovanja Jednostavna pretraga ZAKONI I PROPISI NATJECAJI PROSTORNI PLANOVI (www.mzopu.hr/default.aspx?id=3665) BAZA OVLASTENIH OSOBA I CERTIFICIRANJE (http://www.mzopu.hr/default.aspx?id=8232) ZASTITA OKOLISA / OCEVIDNICI (http://www.mzopu.hr/default.aspx?id=5297
Ministarstvo zdravstva i socijalne skrbi **Ksaver 200a, 10 000 Zagreb**	www.mzss.hr	Kontakti Osnovne informacije o ministru i ministarstvu Press ured Novosti

Tel: (01) 4607 555 **Tel: (01) 4677 005** **Tel: (01) 4698 300**		Programi djelovanja Jednostavna pretraga ZAKONI I PROPISI NATJECAJI ADRESAR USTANOVA (www.mzss.hr/hr/adresar_ustanova)
Ministarstvo znanosti, obrazovanja i športa **Donje Svetice 38, 10000 Zagreb** **Telefon: 385 1 4569 000** **Faks: 385 1 4617 962, 4594 308** **ured@mzos.hr**	www.mzos.hr	Kontakti Osnovne informacije o ministru i ministarstvu Press ured Novosti Programi djelovanja Jednostavna pretraga ZAKONI I PROPISI NATJEČAJI USTANOVE (http://public.mzos.hr/Default.aspx?sec=3138) UPISNICI ZNANSTENIH ORGANIZACIJA I ZNANSTVENIKA (http://public.mzos.hr/Default.aspx?sec=2167) ZNANSTVENI PROJEKTI (http://zprojekti.mzos.hr/Home_hr.htm) UDŽBENICI

		(http://public.mzos.hr/Default.aspx?sec=2354)
Ministarstvo kulture **Runjaninova ulica br. 2, 10000 Zagreb** **Telefon: (01) 4866-666** **E-mail: web@min-kulture.hr**	www.min-kulture.hr	Kontakti Osnovne informacije o ministru i ministarstvu Press ured Novosti Programi djelovanja Jednostavna pretraga ZAKONI I PROPISI NATJEČAJI REGISTAR KULTURNIH DOBARA (www.min-kulture.hr/default.aspx?id=31)
Ministarstvo regionalnog razvoja, šumarstva i vodnog gospodarstva **Babonićeva 121, 10000 Zagreb** **Telefon: 01 6400 600**	www.mrrsvg.hr/	Kontakti Osnovne informacije o ministru i ministarstvu Press ured Novosti Programi djelovanja Jednostavna pretraga ZAKONI I PROPISI NATJEČAJI
Ministarstvo turizma **Prisavlje 14** **Telefon: 6169 111**	www.mint.hr	Kontakti Osnovne informacije o ministru i ministarstvu Press ured Novosti

		Programi djelovanja Jednostavna pretraga ZAKONI I PROPISI NATJEČAJI POPISI KATEGORIZIRANIH OBJEKATA (www.mint.hr/UserDocsImages/090706-kategorizacija.pdf)
Ministarstvo uprave **Maksimirska 63, 10 000 Zagreb** **Telefon: 01 235-7555 (centrala)** **Faks: 01 235-7600**	www.uprava.hr	Kontakti Osnovne informacije o ministru i ministarstvu Press ured Novosti Programi djelovanja Jednostavna pretraga ZAKONI I PROPISI NATJEČAJI POPISI UREDA DRŽAVNE UPRAVE (www.uprava.hr/?A=UDU) POPIS BIRAČA (www.uprava.hr/sduzu92b/index1.php) DRŽAVNE MATICE I KNJIGE DRŽAVLJANA (www.uprava.hr/uvidg/) POPIS TIJELA JAVNE VLASTI

	(www.uprava.hr/doc/pt jv2009.pdf)

Tablica 4 - Pregled web stranica ministarstava

5.5. IMOVINA JAVNIH DUŽNOSNIKA

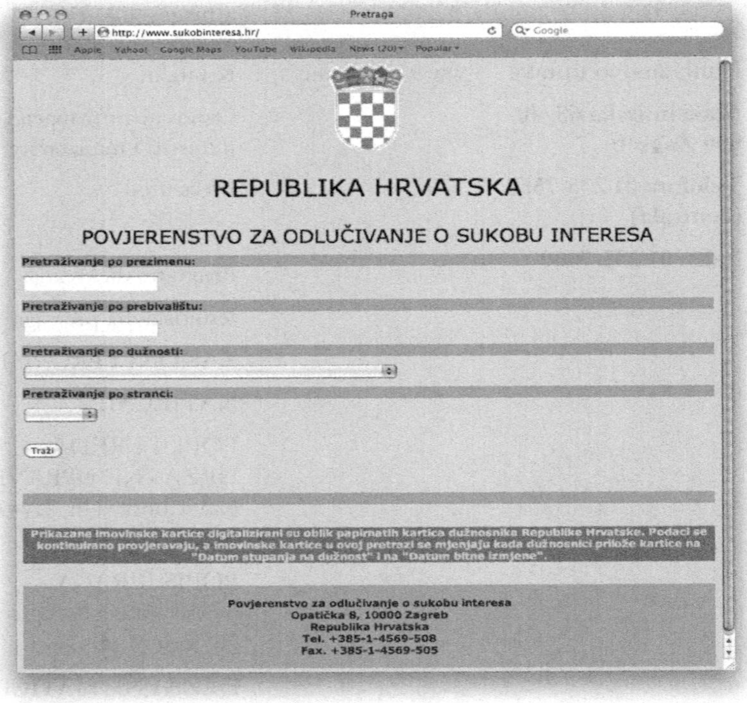

Slika 16 - Početna stranica online baze Povjerenstva za odlučivanje o sukobu interesa

Podatke o imovini i prihodima javnih dužnosnika moguće je pronaći u online bazi podataka Povjerenstva za odlučivanje o sukobu interesa, koja se nalazi na web adresi http://www.sukobinteresa.hr/.

Povjerenstvo je osnovano temeljem Zakona o sprječavanju sukoba interesa u obnašanju javnih dužnosti iz 2003. godine, te njegovih naknadnih izmjena i nadopuna.

Podaci u online bazi se kontinuirano provjeravaju i mijenjaju kad dužnosnici prilože kartice na "Datum stupanja na dužnost" i na "Datum bitne izmjene"[11].

Baza sadrži podatke o predsjedniku Republike Hrvatske, predsjedniku i potpredsjednicima Hrvatskoga sabora, zastupnicima u Hrvatskom saboru, predsjedniku i članovima Vlade Republike Hrvatske, predsjedniku i sucima Ustavnog suda Republike Hrvatske, guverneru, zamjeniku guvernera i viceguverneru Hrvatske narodne banke, glavnom državnom revizoru i njegovim zamjenicima, pučkom pravobranitelju i njegovim zamjenicima, pravobranitelju za djecu i njegovim zamjenicima, pravobranitelj za ravnopravnost spolova i njegovim zamjenicima, tajniku Hrvatskoga sabora, tajniku Vlade Republike Hrvatske, glavnom tajniku Ustavnog suda Republike Hrvatske, tajniku Vrhovnog suda Republike Hrvatske, zamjeniku tajnika Hrvatskoga sabora, zamjeniku tajnika Vlade Republike Hrvatske, državnim tajnicima, pomoćnicima ministara, tajnicima ministarstava, zamjenicima državnih tajnika u središnjim državnim uredima, ravnateljima, zamjenicima i pomoćnicima ravnatelja državnih upravnih organizacija, predsjedniku i zamjeniku predsjednika Hrvatskog fonda za privatizaciju, ravnatelju i pomoćnicima ravnatelja Hrvatskog zavoda za mirovinsko osiguranje, direktoru, zamjeniku direktora i pomoćnicima direktora Hrvatskog zavoda za zdravstveno osiguranje, ravnatelju i pomoćnicima ravnatelja Hrvatskog zavoda za zapošljavanje, rektorima i prorektorima sveučilišta, glavnom državnom rizničaru, glavnom inspektoru Državnog inspektorata, njegovim zamjenicima i pomoćnicima, predstojnicima ureda, ravnateljima agencija i direkcija Vlade Republike Hrvatske, te ravnateljima zavoda koje imenuje Vlada Republike Hrvatske, dužnosnicima u Uredu predsjednika Republike koje imenuje Predsjednik Republike Hrvatske sukladno odredbama posebnog zakona, načelniku i zamjeniku načelnika Glavnog stožera Oružanih snaga Republike Hrvatske, glavnom inspektoru obrane, zapovjednicima i zamjenicima

[11] Povjerenstvo za odlučivanje o sukobu interesa. Pretraga. URL: http://www.sukobinteresa.hr/. (20.1.2009.)

zapovjednika grana Oružanih snaga Republike Hrvatske te Zapovjedništva za združenu izobrazbu i obuku i Zapovjedništva za logistiku, zapovjednicima korpusa Oružanih snaga Republike Hrvatske, županima i gradonačelniku Grada Zagreba te njihovim zamjenicima, gradonačelnicima i općinskim načelnicima te predsjednicima općinskih vijeća koji obnašaju dužnost općinskih načelnika.« [12].

Pretraživanje podataka se može obaviti po prezimenu, prebivalištu, dužnosti i političkoj stranci kojoj dužnosnici pripadaju. U bazi se nalaze podaci o imovini, stalnim prihodima, te imovini bračnog druga i malodobne djece, novčanoj štednji ako ona premašuje jednogodišnji iznos neto prihoda dužnosnika te članstvu u trgovačkim društvima, upravama i nadzornim odborima trgovačkih društava[13].

5.6. UREDI I UPRAVNE ORGANIZACIJE

U sklopu Vlade RH djeluje više različitih ureda i zavoda. Za novinare su važniji:

1. Ured za udruge (www.uzuvrh.hr)
2. Ured za suzbijanje zlouporabe opojnih droga (www.uredzadroge.hr)
3. Ured za socijalno partnerstvo (www.socijalno-partnerstvo.hr)
4. Ured za ravnopravnost spolova (www.ured-ravnopravnost.hr)
5. Ured za ljudska prava (www.ljudskaprava-vladarh.hr)
6. Središnji državni ured za upravljanje državnom imovinom (www.imovina-hr.hr)
7. Središnji državni ured za e-Hrvatsku (www.e-hrvatska.hr)
8. Središnji državni ured za razvojnu strategiju i koordinaciju fondova EU (www.strategija.hr)
9. Državni zavod za zaštitu od zračenja (www.dzzz.hr)
10. Državni zavod za statistiku (www.dzs.hr)
11. Državni zavod za nuklearnu sigurnost (www.dzns.hr)

---

[12] Zakon o izmjenama i dopunama Zakona o sprječavanju sukoba interesa u obnašanju javnih dužnosti. NN, br. 94/04.

[13] Ibid.

12. Državni zavod za mjeriteljstvo (www.dzm.hr)
13. Državni zavod za intelektualno vlasništvo (www.dziv.hr)
14. Državni inspektorat (www.inspektorat.hr)
15. Državni hidrometeorološki zavod (http://meteo.hr)
16. Državna uprava za zaštitu i spašavanje (www.duzs.hr)
17. Državna geodetska uprava (www.dgu.hr)

U nastavku će biti detaljnije prikazani samo najkorisniji novinarima.

Ured za udruge (www.uzuvrh.hr) na svojoj web stranici, osim osnovnih informacija o uredu te novosti, nudi i pristup trima bazama podataka:

- Pregled odobrenih financijskih potpora
- Pregled predstavnika organizacija civilnog društva u savjetodavnim tijelima
- Baza europskih udruga

Iako nije u potpunosti ažurirana, baza koja sadrži pregled financijskih potpora je vrlo dobar izvor o tome na koji se način odobravaju financijska sredstva nevladinim organizacijama. Ako se ti podaci usporede s onim iz registra udruga, mnogo toga može biti jasnije u slučajevima korupcije ili nepotizma. Baza se može pretraživati na temelju razine financiranja, institucije, nevladine organizacije, projekta i voditelja projekta. Pokriva razdoblje od 2004. do 2008. godine, jer su upravne jedinice izvještaj za prošlu godinu dužne podnositi u tekućoj.

Pregled predstavnika organizacija civilnog društva omogućava pretraživanje prema instituciji, savjetodavnom tijelu i imenu i prezimenu člana tijela. Novinarima je ova baza zanimljiva jer omogućava pristup podacima o natječajima za članstvo u tijelima, i drugo, što je još važnije, pristup članovima koji dolaze iz nevladinih organizacija i spremniji su kontaktirati i razgovarati s novinarima.

Treća baza omogućava pregled europskih udruga s obzirom na područje djelovanja i naziv organizacije. Takve udruge spremne su na komunikaciju s novinarima i mogu biti dobar izvor informacija o europskim standardima i praksi.

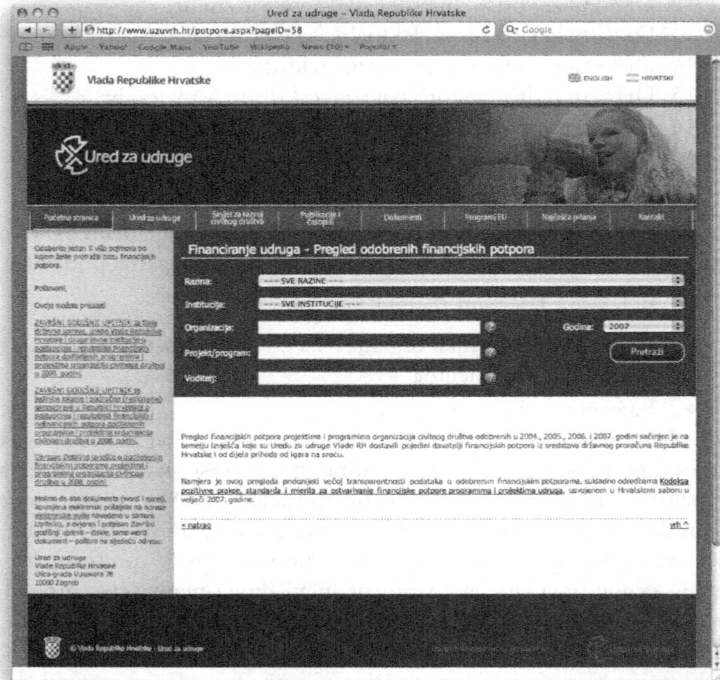

Slika 17 - Početna stranica za pregled financijskih potpora udrugama građana

Ured za suzbijanje droga (www.uredzadroge.hr) donosi samo osnovne informacije o djelovanju te organizacije. Vrijedan je adresar terapijskih zajednica i nevladinih organizacija (http://www.uredzadroge.hr/misc/suradnja-nevladine/suradnja-nevladine/) koje se bave suzbijanjem narkomanije.

Ured za ravnopravnost spolova (www.ured-ravnopravnost.hr), osim osnovnih informacija o organizaciji, donosi i pregled istraživanja na temu ravnopravnosti spolova, što može biti dobar izvor novih novinarskih ideja.

Središnji državni ured za e-Hrvatsku (www.e-hrvatska.hr) na svojim web stranicama donosi popis svih elektronskih usluga za građane, tako da može biti dobra početna točka za pronalaženje baza koje bi mogle biti korisne novinarima. Na web stranici je prikazan direktorij koji uključuje online usluge Porezne uprave, Carine, Pravosuđa, Zdravstva, Obrazovanja i Kulture.

Strategija.hr je web stranica Središnjeg državnog ureda za razvojnu strategiju i koordinaciju fondova Europske unije. Nudi samo osnovne informacije o uredu, natječajima te EU fondovima koji su na raspolaganju građanima.

Državni zavod za statistiku (www.dzs.hr) je jedan od boljih izvora za novinare. Sadrži baze sa statističkim podacima o institucijama, poslovnim subjektima, popis poljoprivrede, naselja i stanovništva od 1857. do 2001. godine. Zbog tehničke pogreške na web stranici, sučelje za pretraživanje je vrlo ograničeno, te stoga treba voditi računa prilikom upisa podataka. Pretraga za dobivanje statističkih podatka o institucijama i poslovnim subjektima obavlja se putem matičnog broja organizacije. Također, zanimljiv je dio s publikacijama, gdje se mogu pronaći publikacije u PDF formatu koje su izdane u nakladi Državnog zavoda za statistiku.

Novinarima mogu biti zanimljiva i priopćenja za javnost, u kojima se iznose podaci o ekonomskim pokazateljima za RH.

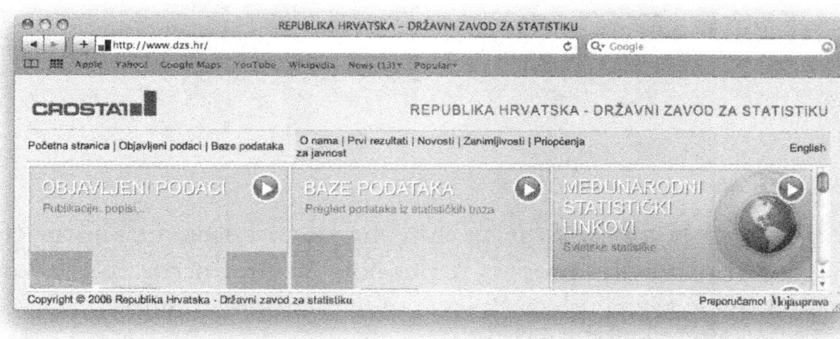

Slika 18 - Web stranica Državnog zavoda za statistiku

Državni zavod za intelektualno vlasništvo (www.dziv.hr) raspolaže trima bazama u kojima je moguće pretraživati patente, žigove i industrijski dizajn. Pretraga se vrši prema registarskom broju, nazivu izuma, datumu prijave i objave patenta, te izumitelju.

Slika 19 - Početna stranica DUZS

Državni inspektorat (www.inspektorat.hr) donosi osnovne informacije o organizaciji, pravila i propise, te promotivne informacije za novinare. Za novinara je važna usluga Prijavi povredu propisa online (www.inspektorat.hr/DirhWeb/Pages/Prijave/UnosPrijava.aspx) i Provjera prijave (www.inspektorat.hr/DirhWeb/Pages/Prijave/StatusPrijave.aspx).

Meteo.hr je stranica Državnog hidrometeorološkog zavoda. Novinarima je zanimljiva jer sadrži baze o višegodišnjim vremenskim promjenama, te druge meteorološke podatke i analize.

Državna uprava za zaštitu i spašavanje (www.duzs.hr) sadrži podatke o dnevnim aktivnostima te službe, koje se mogu pregledavati po županijama, odnosno područnim uredima.

5.7. NARODNE NOVINE

Centralno mjesto za pronalaženje pravnih propisa i zakona, te službenih oglasa (javne nabave, natječaja za poslove i dr.) predstavlja web stranica Narodnih novina (www.nn.hr).

U službenom dijelu Narodnih novina (http://narodne-novine.nn.hr/default.aspx) moguće je izvršiti listanje sadržaja Narodnih novina prema broju i razdoblju kada su objavljene. Službeni dio također omogućava i jednostavnu i naprednu pretragu (http://narodne-novine.nn.hr/sluzbeni/pretrazivanjeJednostavno.aspx), kao i pretraživanje putem pojmovnog kazala (http://narodne-novine.nn.hr/sluzbeni/kazaloPojmovno.aspx).

Oglasni dio Narodnih novina (http://narodne-novine.nn.hr/oglasi/default.aspx) također je vrlo važan jer se tu mogu pronaći objave, koncesije, natječaji, natječaji za radna mjesta, stečajevi, likvidacije, sudski i javno bilježnički oglasi i dr. Kao i u slučaju službenog dijela, omogućeno je listanje po broju i razdoblju, te jednostavno i napredno pretraživanje (http://narodne-novine.nn.hr/oglasi/default.aspx).

Pretraživanje oglasa javne nabave moguće je napraviti na slijedećoj web adresi http://oglasnik-jn.nn.hr/Default.aspx?AspxAutoDetectCookieSupport=1.

5.8. STUDIJA SLUČAJA

Službene web stranice mogu biti vrlo dobar novinarski izvor kad želimo provjeriti povijest nekog događaja ili aktivnosti te institucije. Tako je novinar Index.hr, povodom predizbornog otvaranja radova na izgradnji mosta Pelješac u listopadu 2007. Godine, pretraživanjem web stranice Vlade RH pronašao televizijski prilog o otvaranju radova na istom tom mjestu u studenom 2005. godine[14].

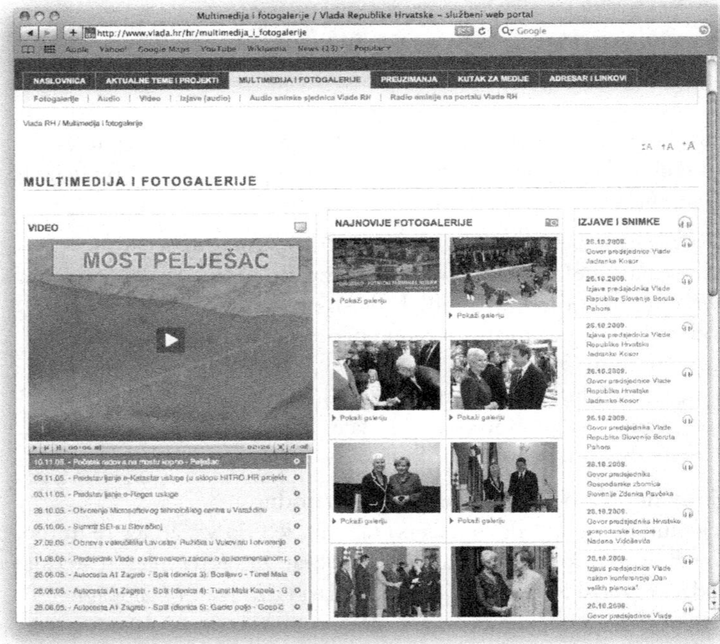

Zanimljivo je da je većina medija izvijestila o događaju iz listopada 2007. , a da je to predizborna repriza događaja od prije dvije godine

---

[14] K.I. Deja vu: Sanader ponovno otvorio radove na mostu Pelješac. 24.10.2007. URL: www.index.hr/vijesti/clanak/deja-vu-sanader-ponovno-otvorio-radove-na-mostu-peljesac/362704.aspx. (27.10.2009.)

kada je tadašnji premijer Ivo Sanader po prvi put otvorio početak radova na pelješkom mostu, naznačio je samo Index.hr.

Deja vu: Sanader ponovno otvorio radove na mostu Pelješac - Vijesti.net

INDEX·HR

vijesti.net

srijeda, 24.10.2007 19:30

Deja vu: Sanader ponovno otvorio radove na mostu Pelješac

IVO SANADER danas je u Brijesti na poluotoku Pelješcu označio početak radova na izgradnji mosta kopno - Pelješac. O događaju su izvijestili svi hrvatski mediji, od kojih je većina izvijestila o sličnom događaju iz studenog 2005. kada je Sanader po prvi puta otvorio početak radova na famoznom pelješkom mostu.

Da apsurd bude veći, hrvatska Vlada je na svojim službenim stranicama postavila video snimku HTV-ovog izvješća od 10. studenog 2005. kada su kamere nacionalne TV kuće zabilježile svečano otvaranje radova.

>>> Link na službenu stranicu hrvatske Vlade s naslovom: Početak radova na mostu kopno - Pelješac

Prilog o početku radova na mostu označenom kao "još jednom važnom infrastrukturnom projektu", započet je sljedećim riječima: "doći na jug Hrvatske bez putovnice i obratno dugogodišnji je hrvatski san. A most kopno - Pelješac njegovo je ostvarenje."

"Želimo apsolutno dobrosusjedske prijateljske odnose s prijateljskom BiH. Ali Hrvatska mora biti povezana u prometnom smislu, prema tome ovo nije most protiv nekoga, nego most za povezivanje Hrvatske." - kazao je tada Sanader.

"Na vrlo teškom terenu, muljevitom, tehnološki vrlo zahtjevnom, vodeći računa o zaštiti okoliša i biološkoj ravnoteži malostonskog zaljeva." - nadovezao se ministar Kalmeta.

6. SLUŽBENI IZVORI REGIONALNE I LOKALNE UPRAVE

6.1. UVOD

U ovom poglavlju bit će prikazan pregled regionalnih i lokalnih službenih web stranica. Posebna pažnja posvećena je najboljim primjerima, kao što je Grad Zagreb.

Uvidjet ćete kao je rad pojedinih jedinica regionalne i lokalne uprave vrlo transparent, dok je kod drugih, osim kontakata, gotovo nemoguće pronaći niti jedan podatak ili informaciju.

6.2. ŽUPANIJE

U Hrvatskoj trenutno postoji 21 jedinica regionalne samouprave u obliku županija i grada Zagreba. Iako je njihovo nadleštvo i djelatnost dosta neodređena (osim u slučaju Zagreba) mogu biti zanimljivi kao izvori novinarskih priča.

Grad Zagreb (www.zagreb.hr) ima jednu od najsveobuhvatnijih web stranica. Osim osnovnih informacija o djelokrugu, ustroju i kontaktima, nudi online baze o katastru, maticama, biračima, pisarnici, komunalnim računima i školstvu. Također, cjelokupni Službeni glasnik, akti gradonačelnika, sjednice Poglavarstva i sjednice Skupštine mogu se pronaći online. Posebno zanimljiva je baza gradske imovine.

Slika 20 - Početna stranica grada Zagreba

Online baza katastar (https://e-uprava.apis-it.hr/katweb/servlet/Logon) može se pretraživati temeljem adrese, katastarske čestice i posjedovnog lista.

Online baza Matica (https://e-uprava.apis-it.hr/igrast/afPregledi/Index.jsp) sadrži podatke o rođenima, umrlima, vjenčanima te podatke iz Knjige državljana. Pretraživanje nije bilo dostupno u vrijeme pisanja ove knjige.

Popis birača (https://e-uprava.apis-it.hr/birweb/akcija/MatBrojUpit) moguće je pretraživati putem matičnog broja građanina i prezimena osobe.

Online baza Pisarnica (https://e-uprava.apis-it.hr:443/pisarnica/pisarnicaUpit.html) omogućava nadzor nad statusom riješenosti predmeta koji je predan gradskoj upravi. Za pregled je neophodan PIN, koje se dobije prilikom predaje predmeta, i klasa predmeta.

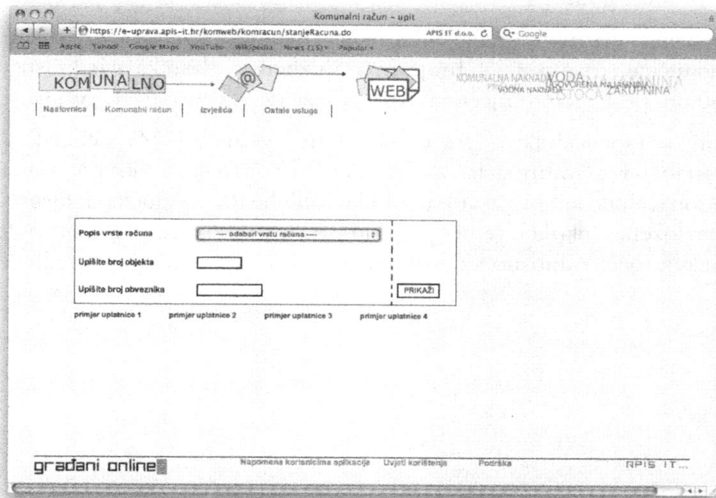

Slika 21 - Pretraga online baze komunalnih računa u gradu Zagrebu

Za pregled online baze komunalnih računa(https://e-uprava.apis-it.hr/komweb/komracun/stanjeRacuna.do) neophodno je znati broj objekta i broj obveznika. Na ovaj način mogu se pregledavati računi za komunalnu naknadu, usluge odvožnje komunalnog otpada, naknada za uređenje voda, naknada za potrošnju vode te zaštićena i ugovorena najamnina.

Također, omogućen je pregled i završnih računa za stambene zgrade (https://e-uprava.apis-it.hr/komweb/zgradaizvjestaj/stanjeRacunaZgrade.do) kojima upravlja

Grad Zagreb. Da bi se završni računi mogli pretraživati, neophodno je znati šifru objekta.

E-školstvo (http://www.zagreb.hr/UserDocsImages/blnapoli/doc/izvjestaji/izvjestaji.htm) daje uvid u statističke podatke o osnovnim i srednjim školama u vlasništvu Grada Zagreba za razdoblje od školske godine 2007/2008. godine.

Službeni glasnik grada Zagreba (www1.zagreb.hr/slglasnik.nsf) omogućuje pristup svim brojevima Službenog glasnika i jednostavnu pretragu po ključnim riječima. Arhiva seže do siječnja 2001. godine.

Akti gradonačelnika (www1.zagreb.hr/Sjednice_2009_web.nsf) su izvrstan izvor informacija za novinare. Svi akti koje donese aktualni gradonačelnik su prikazani u obliku odluke tj. zaključka i njegovog obrazloženja (ukoliko je neophodno). Akte je moguće pretražiti putem ključnih riječi, odnosno jednostavne pretrage ili vremenske odrednice.

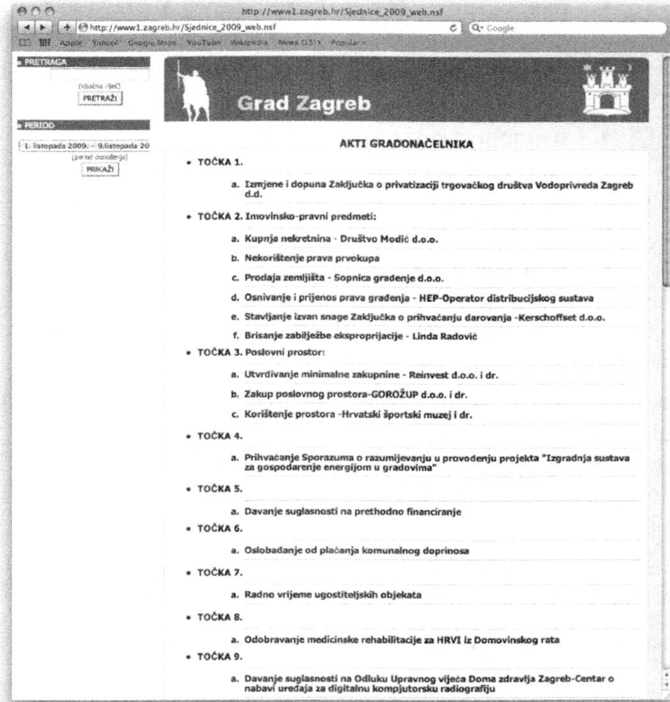

Slika 22 - Objavljivanjem akata gradonačelnika čini Zagreb jedinstvenim primjerom u RH

Na jednak način mogu se pregledavati akti Gradske Skupštine (www1.zagreb.hr/sjednice_skupstine_web.nsf) i bivšeg poglavarstva (www1.zagreb.hr/Sjednice_web.nsf).

Online baza gradske imovine omogućava pregled statusa imovine u vlasništvu grada Zagreba i to: stanovima, poslovnim prostorima i zemljištima (www1.zagreb.hr/gradskaimovina.nsf/FI?OpenForm).

Stanovi se mogu pregledavati po kriterijima:

- zaštićeni najmoprimci temeljem članka 30. i 31. zakona o najmu stanova

- najmoprimci - osnov dodjele članak 5. pravilnika o najmu stanova
- najmoprimci - osnov dodjele članak 6. pravilnika o najmu stanova
- najmoprimci stanova za službene potrebe
- najmoprimci - osnov dodjele lista reda prvenstva
- najmoprimci - osnov dodjele članak 7 c. pravilnika o najmu stanova
- korisnici stanova bez valjane pravne osnove.

Nakon odabira neke od prethodnih kategorija, neophodno je izvršiti abecedni odabir prema prezimenu najmoprimca. Za svaki stan dani su podaci o najmoprimcu, adresi i površini.

Poslovni prostori pregledavaju se prema adresi gdje se nalaze, a zemljišta se pregledavaju po prvom slovu naziva zakupnika. Nakon odabira poslovnog prostora ili zemljišta, dobiju se podaci o adresi, odnosno katastarskoj čestici, korisniku, odnosno zakupniku, površini i namjeni.

Također, stranica nudi i podatke o izborima za gradonačelnika i lokalnu samoupravu (www.zgizbori.hr/2009Lokalni/index.html).

U nastavku će biti dan sumarni pregled ostalih županija.

Županija	*Web*	*Podaci*
Međimurska županija	www.medjimurska-zupanija.hr	Kontakti Osnovne informacije o županiji Novosti Programi djelovanja Jednostavna pretraga NAJAVE I ARHIVA SJEDNICA I RADNIH TIJELA SLUŽBENI GLASNIK NATJEČAJI I JAVNI

		POZIVI
Istarska županija	www.istra-istria.hr	Kontakti Osnovne informacije o županiji Novosti Programi djelovanja Jednostavna pretraga PRORAČUN ADRESAR
Šibensko-kninska županija	www.sibensko-kninska-zupanija.hr	Kontakti Osnovne informacije o županiji Novosti Programi djelovanja Jednostavna pretraga NATJEČAJI ADRESAR SLUŽBENI GLASNIK
Vukovarsko-srijemska županija	www.vukovarsko-srijemska-zupanija.hr	Kontakti Osnovne informacije o županiji Novosti Programi djelovanja Jednostavna pretraga NAJAVE I ARHIVA SJEDNICA SLUŽBNI GLASNIK
Osječko-baranjska županija	www.obz.hr	Kontakti Osnovne informacije o županiji

		Novosti Programi djelovanja Jednostavna pretraga NATJEČAJI
Požeško-slavonska županija	www.pszupanija.hr	Kontakti Osnovne informacije o županiji Novosti Programi djelovanja Jednostavna pretraga UNUTARNJA REVIZIJA SLUŽBENI GLASNIK NATJEČAJI
Virovitičko-podravska županija	www.vpz.hr	Kontakti Osnovne informacije o županiji Novosti Programi djelovanja Jednostavna pretraga SLUŽBENI GLASNIK NATJEČAJI
Ličko-senjska županija	www.licko-senjska.hr	Kontakti Osnovne informacije o županiji Novosti Programi djelovanja SLUŽBENI GLASNIK NATJEČAJI
Primorsko-goranska županija	www.pgz.hr	Kontakti Osnovne informacije o

		županiji Novosti Programi djelovanja Jednostavna pretraga SLUŽBENI GLASNIK NATJEČAJI ADRESAR NAJAVE I ARHIVA SJEDNICA AKTI ŽUPANA
Varaždinska županija	www.varazdinska-zupanija.hr	Kontakti Osnovne informacije o županiji Novosti Programi djelovanja Jednostavna pretraga SLUŽBENI GLASNIK NATJEČAJI ADRESAR PRORAČUN
Sisačko-moslavačka županija	www.smz.hr	Kontakti Osnovne informacije o županiji Novosti Programi djelovanja Jednostavna pretraga SLUŽBENI GLASNIK NATJEČAJI ADRESAR

		PRORAČUN NAJAVE I ARHIVA SJEDNICA
Krapinsko zagorska županija	www.kr-zag-zupanija.hr	Kontakti Osnovne informacije o županiji Novosti Programi djelovanja Jednostavna pretraga SLUŽBENI GLASNIK NATJEČAJI ADRESAR PRORAČUN NAJAVE I ARHIVA SJEDNICA
Zagrebačka županija	www.zagrebacka-zupanija.hr	Kontakti Osnovne informacije o županiji Novosti Programi djelovanja Jednostavna pretraga SLUŽBENI GLASNIK NATJEČAJI ADRESAR PRORAČUN NAJAVE I ARHIVA SJEDNICA PRESS URED
Brodsko-posavska županija	www.bpz.hr	Kontakti Osnovne informacije o

		županiji Novosti Programi djelovanja Jednostavna pretraga SLUŽBENI GLASNIK NATJEČAJI ADRESAR PRORAČUN NAJAVE I ARHIVA SJEDNICA
Bjelovarsko-bilogorska županija	www.bbz.hr	Kontakti Osnovne informacije o županiji Novosti Programi djelovanja Jednostavna pretraga SLUŽBENI GLASNIK NATJEČAJI ADRESAR PRORAČUN NAJAVE I ARHIVA SJEDNICA
Koprivničko-križevačka županija	www.kckzz.hr	Kontakti Osnovne informacije o županiji Novosti Programi djelovanja Jednostavna pretraga SLUŽBENI GLASNIK

		NATJEČAJI ADRESAR PRORAČUN NAJAVE I ARHIVA SJEDNICA
Karlovačka županija	www.kazup.hr	Kontakti Osnovne informacije o županiji Novosti Programi djelovanja Jednostavna pretraga SLUŽBENI GLASNIK NATJEČAJI ADRESAR PRORAČUN NAJAVE I ARHIVA SJEDNICA
Zadarska županija	www.zadarska-zupanija.hr	Kontakti Osnovne informacije o županiji Novosti Programi djelovanja Jednostavna pretraga SLUŽBENI GLASNIK NATJEČAJI ADRESAR PRORAČUN NAJAVE I ARHIVA SJEDNICA
Dubrovačko-	www.edubrovnik.org	Kontakti

neretvanska županija		Osnovne informacije o županiji Novosti Programi djelovanja Jednostavna pretraga SLUŽBENI GLASNIK NATJEČAJI ADRESAR PRORAČUN NAJAVE I ARHIVA SJEDNICA
Splitsko-dalmatinska županija	www.dalmacija.hr	Kontakti Osnovne informacije o županiji Novosti Programi djelovanja Jednostavna pretraga SLUŽBENI GLASNIK NATJEČAJI ADRESAR PRORAČUN NAJAVE I ARHIVA SJEDNICA

Slika 23 - Pregled web stranica županija

6.3.GRADOVI I OPĆINE

Od gradova i općina bit će navedeni samo oni veći i medijima najzanimljiviji. Za sve ostale poveznice za web stranice neophodno je potražiti u adresaru Vlade RH (www.vlada.hr/hr/adresar_i_linkovi/).

Za gradove je pravilo da njihova web stranica ima adresu koja se sastoji od imena grada i vršne oznake .hr. Na primjer, grad Dubrovnik ima web stranicu www.dubrovnik.hr. Većina općina nema web stranicu, kod onih koji imaju adresa je kao i u slučaju gradova ili imenu prethodi naziv "općina-". Na primjer, web stranica općine Konavle je www.opcina-konavle.hr.

Grad Dubrovnik (www.dubrovnik.hr) na svojim web stranicama, osim informacija o gradskoj upravi, donosi za novinare zanimljiv Službeni glasnik, natječaje, proračun grada za aktualnu i prošle godine, te prostorno plansku dokumentaciju. Vrlo je dobra i rubrika Novosti, gdje se mogu pratiti aktivnosti gradske uprave od 2002. godine.

Web stranica omogućava jednostavnu pretragu. Ne postoji pristup bazama podataka koje prikupljaju gradski organi, niti akti gradonačelnika ili najave i materijali sa sjednica Gradskog vijeća.

Web stranica Grada Karlovca (www.karlovac.hr), pored osnovnih informacija o gradu i službama, sadrži podatke o proračunu grada za aktualnu i prošle godine, Službeni glasnik, prostorne planove, te najave i materijale sa sjednica Gradskog vijeća. Objava materijala nije ažurna. Na postoji pristup bazama podataka koje prikuplja gradska uprava, niti aktima koje donosi gradonačelnik.

Grad Makarska (www.makarska.hr) na svojim web stranicama ima dobru rubriku novosti. Objavljene su osnovne informacije o gradskoj upravi. Postoji i rubrika natječaji, ali nije ažurna. Na web stranici su objavljeni i najvažniji akti grada. Ne postoje najave sjednica Gradskog vijeća, niti pristup bazama podataka koje prikuplja gradska uprava.

Slika 24 - Početna stranica grada Osijeka

Osijek (www.osijek.hr) ima dobru web stranicu koja, za razliku od prethodnih, nudi više informacija i podataka od koristi za novinare. Osim Službenog glasnika i ažurne objave natječaja i poziva, redovito se objavljuju pozivi na sjednice Gradskog vijeća, a sjednice se prenose uživo putem Interneta. Na stranici su objavljeni prostorni plan grada i proračun. Trenutno rade na projektu posebnog portala namijenjenog građanima uz pomoć USAID-a, koji bi mogao biti dobar izvor novinarskih ideja.

Grad Pula (www.pula.hr) na svojim web stranicama daje osnovne informacije o gradskoj upravi, donosi gradski adresar, novosti, natječaje i aktualni proračun. Također, objavljen je i Službeni glasnik. Stranicu nije moguće pretraživati.

Rijeka (www.rijeka.hr) ima jako dobru web stranicu. Osim osnovnih informacija o gradu, na web stranici se ažurno objavljuju natječaji, novosti te najave i materijali sa sjednica Gradskog vijeća. Omogućena je jednostavna pretraga stranice. Na web stranici se nalazi i adresar telefonskih brojeva.

Split (www.split.hr) na svojim web stranicama donosi samo osnovne informacije o gradu i gradskoj upravi. Od online baza koje se nude, na raspolaganju je interaktivna mapa grada Splita (clgis.split.hr/gissplit/) i baza dugovanja i potraživanja (https://web.split.hr/forms/frmservlet?form=webizvj.fmx). Za pristup drugoj neophodno je od gradska uprave ishodovati korisnički račun.

Varaždin (www.varazdin.hr) na svojim web stranicama donosi osnovne informacije o gradskoj upravi, natječaje, te interaktivnu mapu grada (gis.varazdin.hr/gisgv2/index.jsp). Na web stranici se mogu pronaći prostorni plan i značajniji dokumenti. Ne postoje podaci o aktima gradonačelnika ili najavama i materijalima sa sjednica Gradskog vijeća.

6.4. STUDIJA SLUČAJA

Novinar lokalnog tjednika Dubrovački vjesnik (www.dubrovacki.hr) je, nakon zaprimljene anonimne dojave o uništenju spomenika kulture crkvice Sv. Križa u zaseoku Pičete (selo Dubravka) u Konavlima, pokušao provjeriti navode navedene u anonimnoj dojavi. Kako je dojava zaprimljena u subotu, novinar do ponedjeljka nije mogao provjeriti radi li se o spomeniku kulture, te tko je odobrio rušenje stare i gradnju nove kapelice. Novinar je upotrebom Google tražilice utvrdio kako je Zavod za obnovu Dubrovnika 2000. godine za obnovu te crkvice dodijelilo 5000 kupa kanalica tipa Dubrovnik (tradicionalni dubrovački crijep)[15], koji je ujedno bio prvi rezultat prilikom korištenja ključnih riječi "crkva sv. Kriza Pičete".

Također je utvrdio kako je Ministarstvo turizma 2004. godine Bratovštini sela Pičete za obnovu crkvice dodijelio 80 tisuća kuna[16], što su bili nepobitni dokazi kako je crkvica spomenik kulture i kako je najvjerojatnije uništena . Nakon prvog napisa koji je govorio o mogućoj devastaciji[17], nadopunjena verzija u kojoj se to tvrdi objavljena je slijedeći dan[18].

---

[15] Zavod za obnovu Dubrovnika. Pregled dodjeljenih kupa u periodu 2000 - 2003.g. URL: http://www.zod.hr/word/pregled_dodjele_kupa.xls (24.10.2009.)

[16] Ministarstvo mora, turizma, prometa i razvitka. Informacija o dodjeli državnih potpora za 2004. god. temeljem «Programa poticanja, zaštite, obnove i uključivanja u turizam tradicijske i prirodne baštine u turistički nerazvijenim područjima». 20.12.2004. URL: http://www.mmtpr.hr/UserDocsImages/041220-turizam-rezultati.pdf (24.10.2009.)

[17] Hauswitschka, A. Seljani srušili staru i grade novu kapelicu ne provjerivši da li se radi o spomeniku kulture. 23.10.2009. URL: http://www.dubrovacki.hr/clanak/12436/seljani-srusili-staru-i-grade-novu-kapelicu-ne-provjerivsi-da-li-se-radi-o-spomeniku-kulture. (24.10.2009.)

[18] Hauswitschka. A. Crkvica svetog Križa ima spomenička svojstva. 24.10.2009. URL:

Da je novinar na stranici Općine Konavle provjerio Prostorni plan općine Konavle[19], utvrdio bi da se tu nepobitno radi o evidentiranom spomeniku kulture, za koji postoji zaštita lokalnog karaktera. Širenjem pretrage na zaseok Pičete, moglo se utvrditi kako je cijeli zaseok spomenik kulture, te da je organiziran u projekt Eko-etno selo Pičete – projekt valorizacije baštine u turizmu, kojem je do 2009. godine Ministarstvo turizma dodijelilo oko 500 tisuća kuna. Također, novinar nije pronašao niti podatak da je cijela okolica crkve ustvari arheološka zona[20].

http://www.dubrovacki.hr/clanak/12461/crkvica-svetog-kriza-ima-spomenicka-svojstva. (24.10.2009)

[19] Prostorni plan uređenja općine Konavle. URL: http://www.opcinakonavle.hr/ppuo/Knjiga%202%20-%20Odredbe/Knjiga%202.pdf (24.10.2009)

[20] Zeravica, Z. Archaeological sites near Dubrovnik with several important discoveries. 25.11.2007. URL: http://www.croatia.org/crown/articles/9354/3/Archaeological-sites-near-Dubrovnik-with-several-important-discoveries (24.10.2009.)

7. PRAVOSUĐE I POLICIJA

7.1. UVOD

U ovom poglavlju bit će prikazani najvažniji pravosudni i policijski web izvori. Kako je zbog zahtjeva Europske unije napravljen veliki pomak u digitalizaciji informacija i podataka koje sakupljaju sudovi, u nastavku će biti prikazane sve online baze takvih podatka.

Prikazane će biti i stranice policije, sigurnosnih službi te državnog odvjetništva.

7.2. PRAVOSUĐE I SUDSTVO

Kad novinar prati područje policije i pravosuđa, jedna od početnih web stranica bit će web stranica Ministarstva pravosuđa (www.pravosudje.hr). Na toj web stranici mogu se pronaći osnovne informacije o ministru i ministarstvu, novosti i arhiva novosti, informacije o projektima koje provodi ministarstvo i programi djelovanja. Pretraga web stranice može se izvršiti jednostavnim pretraživanjem, upotrebom tražilice.

Za novinare je vrlo zanimljiva rubrika Imenovanja, gdje ministarstvo objavljuje imenovanja svih predsjednika sudova. Međutim, najvrjedniji na toj stranici su online registri (baze podataka):

- Katastar (www.katastar.hr)
- Digitalni pregled zemljišnih knjiga (http://e-izvadak.pravosudje.hr/)
- Sudski registar trgovačkih poduzeća (https://sudreg.pravosudje.hr/)
- Oglasna ploča sudova (http://e-oglasna.pravosudje.hr/)

Posjed nad nekretninama se može provjeriti u Pregledniku katastarskih podataka koji vodi Državna geodetska uprava. Pretraga nije moguća po imenu i prezimenu posjednika, već putem broja katastarske čestice ili putem broja posjedovnog lista u odabranoj katastarskoj općini. Međutim, temeljem samo jedne čestice, moguće je utvrditi sve nekretnine u posjedu iste osobe.

Vlasništvo se pak može provjeriti na digitalnoj gruntovnici (http://e-izvadak.pravosudje.hr/mpweb/jsp/menu/menusud.jsp). Baza podataka nije cjelovita i uključuje podatke iz zemljišnih knjiga čiji je sadržaj usklađen s katastrom zemljišta, podatke iz zemljišnih knjiga čiji sadržaj je djelomično ili u cijelosti prepisan iz ručno vođenih zemljišnih knjiga, kao i knjigu položenih ugovora[21].

Da bi se baza mogla pretraživati neophodno je znati u kojem se općinskom sudu vodi evidencija o nekretninama, kojoj glavnoj knjizi nekretnina pripada (u pravilu se poklapa s mjestom gdje se nekretnina nalazi) te broj katastarske čestice ili zemljišnoknjižnog uloška. Kao i u slučaju katastra, pretragu nije moguće obaviti temeljem imena i prezimena, ali ako se zna samo jedna čestica, moguće je saznati i za sve druge nekretnine u vlasništvu te osobe.

Vlasništvo tvrtki osnovanih u Republici Hrvatskoj lako se može utvrditi na trgovačkim sudovima koji djeluju u Zagrebu, Bjelovaru, Dubrovniku, Karlovcu, Osijeku, Pazinu, Rijeci, Sisku, Slavonskom Brodu, Splitu, Šibeniku, Varaždinu i Zadru. U sudski registar upisane su se slijedeće organizacije: javno trgovačko društvo, komanditno društvo, gospodarsko interesno udruženje, dioničko društvo, društvo s ograničenom odgovornošću, trgovac pojedinac, ustanova, zajednica ustanova, zadruga, savez zadruga, društvo za uzajamno osiguranje, glavna podružnica inozemnog osnivača, kreditne unije, europsko društvo, europsko gospodarsko interesno udruženje, te druge osobe za koje je zakonom propisan upis u sudski registar[22].

Naziv suda	URL

[21] Ministarstvo pravosuđa. Pregled zemljišnih knjiga. http://e-izvadak.pravosudje.hr/mpweb/main.jsp. (21.1.2009.).

[22] Marković. N. Javni registri u Republici Hrvatskoj. URL: http://www.tszg.hr/cro/Djelokrug-Suda/Stecaj/Strucni-clanci/Utjecaj-otvaranja-stecajnog-postupka-na-upisnike-sudskog-registra-i-zemljisnih-knjiga/Javni-registri-u-republici-hrvatskoj. (20.1.2009.)

Visoki trgovački sud	www.vtsrh.hr
Trgovački sud u Zagrebu	www.tszg.hr
Trgovački sud u Zadru	www.tszd.hr
Trgovački sud u Dubrovniku	http://sudovi.pravosudje.hr/tsdu/
Trgovački sud u Bjelovaru	http://sudovi.pravosudje.hr/tsbj/
Trgovački sud u Karlovcu	http://sudovi.pravosudje.hr/tska/
Trgovački sud u Osijeku	http://sudovi.pravosudje.hr/tsos/
Trgovački sud u Pazinu	http://sudovi.pravosudje.hr/tspz/
Trgovački sud u Rijeci	http://sudovi.pravosudje.hr/tsri/
Trgovački sud u Slavonskom Brodu	http://sudovi.pravosudje.hr/tssb/
Trgovački sud u Splitu	http://sudovi.pravosudje.hr/tssp/
Trgovački sud u Šibeniku	http://sudovi.pravosudje.hr/TSSI/
Trgovački sud u Varaždinu	http://sudovi.pravosudje.hr/tsvz/

Tablica 5 - Web stranice hrvatskih sudova

Uvid se lako može obaviti u pisarnicama navedenih sudova, gdje se nalaze knjige poslovnih udjela, koje sadrže podatke:

a. za pravnu osobu o: tvrtci, odnosno nazivu, sjedištu, upisu u odgovarajući registar i poreznom broju
b. za fizičku osobu o: imenu i prezimenu, prebivalištu, datumu rođenja, broju osobne identifikacijske isprave, a za strance i državi koja ju je izdala i poreznom broju[23].

Međutim, dio podataka može se vrlo lako i besplatno pronaći i na internetskom sudskom registru koji se nalazi na web adresi: http://sudreg.pravosudje.hr. Podaci koji se posredstvom registra mogu pronaći su:

a. temeljni podaci (matični broj, trgovački sud gdje je poduzeće registrirano, tvrtka – naziv, sjedište i pravni oblik),
b. predmet poslovanja,
c. temeljni kapital,
d. članovi društva – osnivači,
e. prokuristi,

[23] Trgovački sud u Zagrebu. Knjiga poslovnih udjela. URL: http://www.tszg.hr/cro/Djelokrug-Suda/Sudski-registar/Knjiga-poslovnih-udjela. (13.12.2008)

f. članovi uprave – likvidatori i
g. pravni odnosi[24].

Sudski registar, osim aktualnih podataka, sadrži povijest promjena, „što znači da svaki podatak jednom upisan u glavnu knjigu Sudskog registra zauvijek ostaje upisan u bazi podataka Sudskog registra, istovremeno omogućavajući ispis povijesnog izvatka sa svim podacima koji su o jednom subjektu ikada bili upisani“[25].

Osim o poduzećima, registar sadrži i podatke o ustanovama, zadrugama, gospodarskim interesnim udruženjima, trgovcima pojedincima, te podružnicama inozemnih trgovačkih društava[26].

---

[24] Sudski registar. Što je sudski registar. URL: https://sudreg.pravosudje.hr/Sudreg/pages/stoJeSudskiRegistar.faces. (13.12.2008)

[25] Ibid.

[26] Ibid.

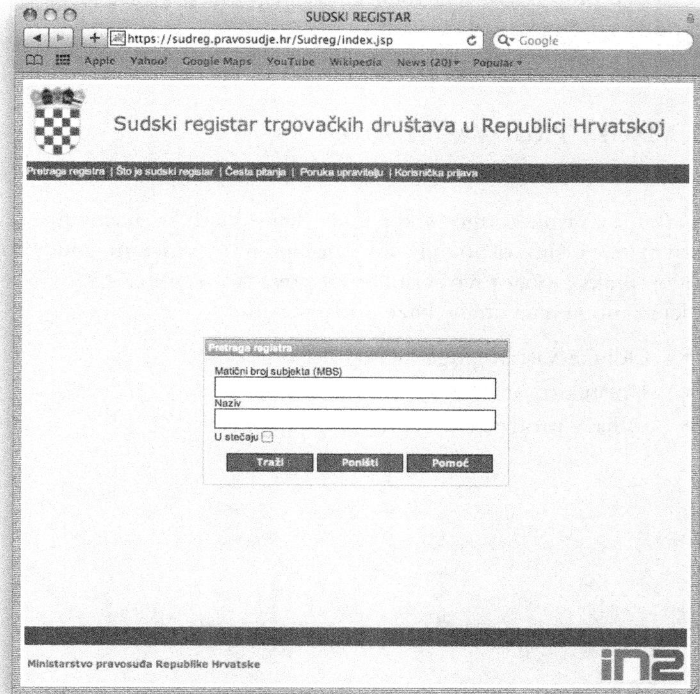

Slika 25 - Početna stranica online baze sudskog registra

Sličan registar vodi i Hrvatska gospodarska komora, (www1.biznet.hr/HgkWeb/do/language?lang=hr_HR). Podaci koji se mogu dobiti kroz ovaj registar su naziv, adresa, kontakt telefon, e-mail, web stranica, ime direktora, predmet poslovanja, vrsta poduzeća, broj zaposlenih i brojevi žiro računa.

Od vrjednijih pokretnina evidencija se vodi i za jahte i brodove. Na web adresi http://report.crs.hr/hrb/ nalazi se registar pomorskih brodova koji vodi Hrvatski registar brodova. Registar sadrži niz tehničkih podataka o brodovima, ali i podatke o vlasniku i brodaru broda. Da bi se utvrdilo tko je vlasnik broda, dovoljno je samo upisati ime broda u pretraživač registra, pa u rezultatima pretrage, u kategoriji Opći podaci, iščitati imena vlasnika.

7.2.1. VISOKI TRGOVAČKI SUD

Web stranica Visokog trgovačkog suda (www.vtsrh.hr) izvrstan je izvor za novinare. Osim osnovnih informacija o trgovačkim sudovima i njihovoj praksi, pogotovo visokom trgovačkom sudu, na ovoj web stranici se mogu naći online baze podataka:

- Odluke Visokog trgovačkog suda
- Upisnik trgovačkih sudova
- Objave prodaja u stečajnim postupcima

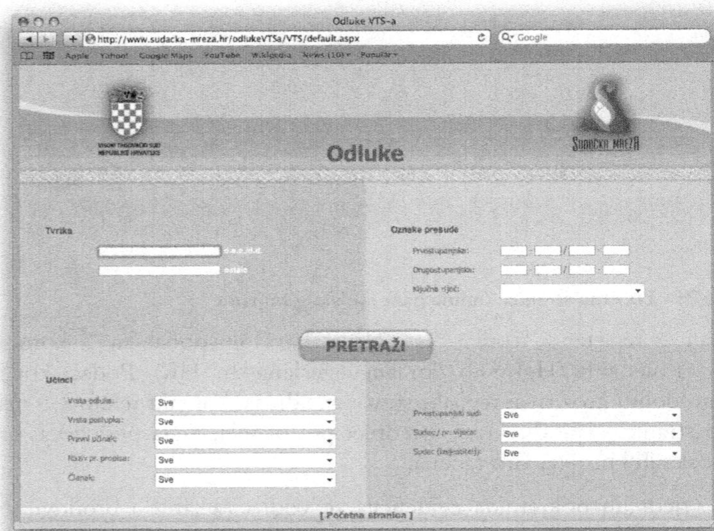

Slika 26 - Početna stranica online baze s odlukama Visokog trgovačkog suda

Kako bi pristupili Odlukama Visokog trgovačkog suda, neophodno je registrirati se na početnoj stranici online baze. Pretraživanje odluka može se izvršiti temeljem naziva poduzeća, oznake presude, vrste odluke, postupka, pravnog učinka, imena i prezimena suca i drugih kriterija. Ova baza također omogućuje i pristup izboru odluka Europskog Suda pravde.

Online baza Upisnik trgovačkih sudova omogućava pregled Upisnika. Da bi se upisnik pretraživao, potrebno je znati sud na kojem se vodi postupak, naziv upisnika, godinu i broj slučaja.

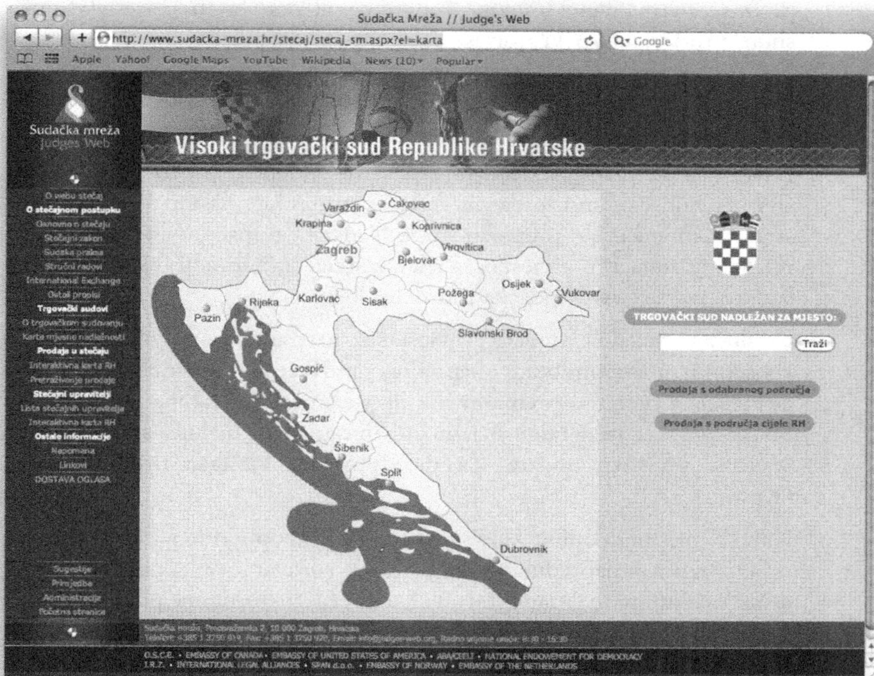

Slika 27 – Pretraga online baze prodaja u stečajnom postupku

Objave prodaja u stečajnim postupcima je novinarima vrlo zanimljiva baza, jer omogućava pristup podacima o tome koje su tvrtke u stečaju, tko su stečajni upravitelji i koje su odluke u slučaju stečaja donesene, kao i koja se imovina prodaje i po kojoj cijeni. Pretragu je moguće obaviti naprednom tražilicom i vizualno, odabirom na interaktivnoj karti. Iako je sadržaj sveden na oglas za prodaju imovine, objavljeni su i prilozi uz oglase o prodaji, kao što su: nacrti, fotografije, procjene vrijednosti imovine, vještački nalazi i slično. Pretraživanje prodaje poveznicama je funkcionalno povezano s Gruntovnicom, Katastrom i Sudskim registrom.[27].

U prvom slučaju, napredna pretraga omogućuje sužavanje polja pretrage prema vrsti imovine (pokretna ili nepokretna), trgovačkom sudu, prodavatelju i vrijednosti. Također je moguće sortirati podatke po prodavatelju, po vrijednosti i po roku prodaje. U slučaju interaktivne karte, korisnik može geografski odabrati područje za koje ga zanimaju stečajevi.

Poveznice za pristup navedenim bazama mogu se pronaći i na web stranici Sudačke mreže (www.sudacka-mreza.hr). Osim toga, na toj stranici moguće je pretražiti baze sudskih tumača (www.sudacka-mreza.hr/tumaci/), vještaka (www.sudacka-mreza.hr/vjestaci/) i sudske prakse (www.sudacka-mreza.hr/login.aspx).

U slučaju sudskih tumača i vještaka, pretragu je moguće obaviti abecedno i upotrebom napredne tražilice. Abecedna pretraga omogućava pretragu prema imenu ili prezimenu, a dobiju se podaci u obliku grane i podgrane djelatnosti, mjesto gdje djeluje, adresa, broj telefona te drugi podaci. Za dio tumača i vještaka priložen je i životopis.

Kako bi pristupili online bazi sudske prakse, neophodno je registrirati se. Omogućava naprednu pretragu gdje se sužavanje polja pretrage može obaviti prema grani prava i ključnoj riječi. Sortiranje podataka može se obaviti po datumu i sudu.

---

[27] Sto je web stjecaj? URL: http://www.vtsrh.hr/index.php?page=bankruptcy&lang=hr. (29.10.2009.)

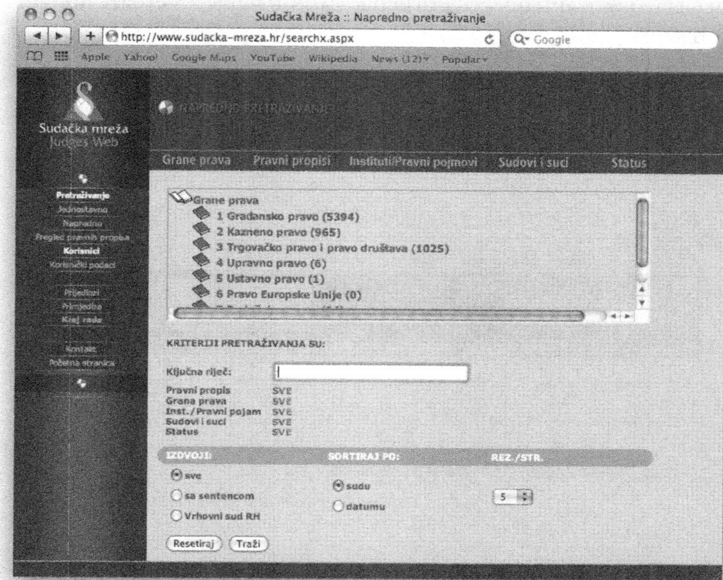

Slika 28 - Pretraga online baze sudske prakse

7.2.2. VRHOVNI SUD

Web stranica vrhovnog suda (www.vsrh.hr) omogućuje pristup osnovnim podacima o toj instituciji. Novinarima je najzanimljivija onlina baza Odluka vrhovnog suda (http://sudskapraksa.vsrh.hr/). Baza podataka omogućuje uvid u sudsku praksu objavljenu u tiskanim izdanjima Vrhovnog suda Republike Hrvatske pod nazivom "Izbor odluka", ali i u prethodno neobjavljene cjelovite tekstove odluka Vrhovnog suda Republike Hrvatske u razdoblju od 1993. godine do danas. Osim odluka navedenog suda, u bazi se može pronaći i izbor odluka ostalih sudova u Republici Hrvatskoj (za sada samo županijskih sudova i Visokog trgovačkog suda Republike Hrvatske) te pravna

stajališta (tzv. sentence)[28]. Priručnik za korištenje ove baze moguće je pronaći na
http://sudskapraksa.vsrh.hr/supra/Help/Upute%20Sudska%20praksa.pdf.

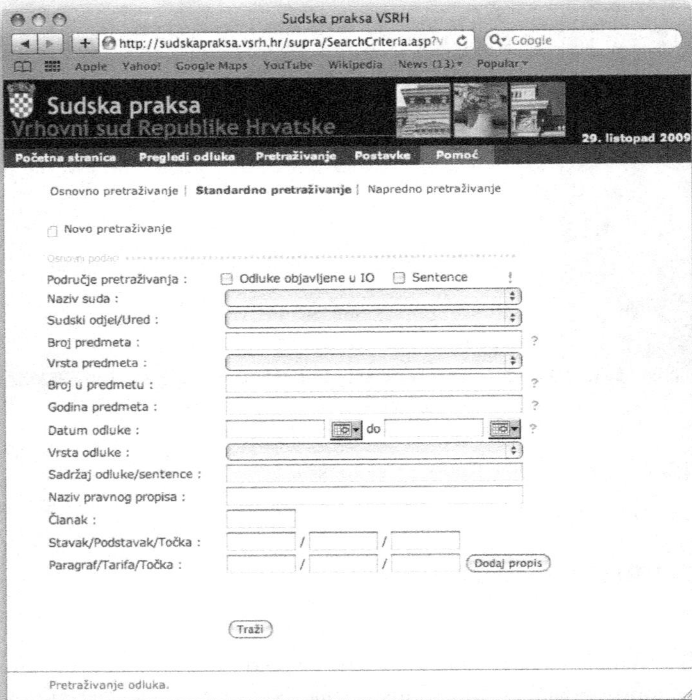

Slika 29 - Pretraga online baze sudske prakse Vrhovnog suda

Pretraga se može obaviti na dva načina:

- Pregledom odluka

---

[28] Vrhovni sud. Uvod. URL: http://sudskapraksa.vsrh.hr/supra/Default.asp?Menu=Pocetna (29.10.2009.)

- Jednostavnim i naprednom pretragom

U prvom slučaju pregled odluka se može obaviti po sudovima, vrstama predmeta, godini predmeta, sudskim odjelima i indeksnim podacima. U drugom slučaju, kod jednostavne pretrage, pretraživanje se obavlja po vrsti odluke, nazivu suda, sudskom odjelu, broju predmeta, vrsti predmeta, broju u predmetu, godini predmeta, datumu odluke, vrsti odluka sadržaju odluke, nazivu spisa, nazivu pravnog propisa, članku, stavku i paragrafu. Napredno pretraživanje uključuje još i stvarno kazalo, nomenklaturu i zakonsko kazalo.

7.2.3. USTAVNI SUD

Ustavni sud (www.usud.hr) na svojoj web stranici, osim osnovnih informacija o instituciji, donosi najave i arhivu sjednica Ustavnog suda, pregled najnovijih odluka, te online bazu praske Ustavnog suda i Europskog suda. Ustavnosudske odluke, rješenja i izvješća, koji se nalaze u bazi, donesene su u razdoblju od 1. siječnja 2000., a odabrani su prema nekoliko kriterija (važnosti za širu javnost, broju adresata na koje se odnose i vrstama ustavnosudskih postupaka). Također, prikazan je i određeni broj odluka donesenih u razdoblju od 1992. do 1999. Njihov odabir temeljio se na mjerilu njihove važnosti za širu javnost i za ustrojstvo, nadležnost i neovisnost Ustavnog suda[29].

Vlasništvo nad poduzećima ili barem promjene u vlasništvu mogu se iščitati iz izvještaja o reviziji privatizacije i pretvorbe 901 hrvatske tvrtke, koji su objavljeni na web stranici Državnog ureda za reviziju. Web adresa je http://www.revizija.hr/hr/izvjesce/revizije-pretvorbe-i-privatizacije/. U tim izvještajima nalaze se podaci o vlasničkoj strukturi nakon pretvorbe i vlasničkoj strukturi u vrijeme obavljanja revizije, o poslovanju poduzeća, procijenjenoj vrijednosti, ocjeni pretvorbe i privatizacije te očitovanje zakonskog predstavnika pravne osobe.

---

[29] Ustavni sud. O elektroničkoj bazi ustavnosudske prakse. URL: http://www.usud.hr/default.aspx?Show=c_praksa_ustavnog_suda&m1=2&m2=0&Lang=hr. (29.10.2009.)

Vlasništvo nad pojedinim tvrtkama može se iščitati i iz financijskih izvještaja koja su dužna podnositi dionička društva što kotiraju na Zagrebačkoj burzi. Naime, takva poduzeća dužna su podnositi kvartalne, polugodišnje i godišnje financijske izvještaje koji, među ostalim, sadrže podatke o deset najvećih dioničara – odnosno vlasnicima poduzeća. Takvi izvještaji objavljuju se na web stranici Zagrebačke burze http://www.zse.hr u rubrici Uvrštenja - Financijski izvještaji. Podaci o vlasništvu sadrže ime i prezime osobe, odnosno naziv tvrtke, adresu, broj dionica i postotak dionica od ukupnog broja dionica.

Ako je javni dužnosnik vlasnik obrta tada se takvim vlasničkim podacima može pristupiti kroz Središnji obrtni registar koji vodi Ministarstvo gospodarstva, rada i poduzetništva, a nalazi se na web adresi http://sor.mingorp.hr/. Registar sadrži podatke o imenu i prezimenu vlasnika obrta, djelatnostima, vrsti obrta te mjestu pogona, a temeljem tih kategorija se može vršiti i pretraživanje. Slično, Hrvatski savez zadruga vodi evidenciju zadruga i zadružnih saveza, koja je dostupna online na web adresi ž

http://www.zadruge.hr/evidencija_uvod.aspx.

Zadružna evidencija sadrži podatke o nazivu zadruge, sektoru zadruge, djelatnostima, kontakt podacima, godini osnivanja, odgovornoj osobi i njezinu broju telefona. Pretraživanje se obavlja po nazivu, sektoru, djelatnosti, županiji i ključnim riječima.

Pretraga je moguća po oznaci (signaturi) odluke, člancima Ustava, sistematskom pojmovniku Venecijanske komisije, abecednom kazalu pojmova, zakonskom kazalu, pojmovniku "Eurovoc" i ključnim riječima[30].

---

[30] Objašnjenje pojmova može se pronaći na URL: http://www.usud.hr/default.aspx?Show=kako_pretrazivati_bazu_ustavnosudske_prakse&m1=2&m2=68&Lang=hr#napredno.

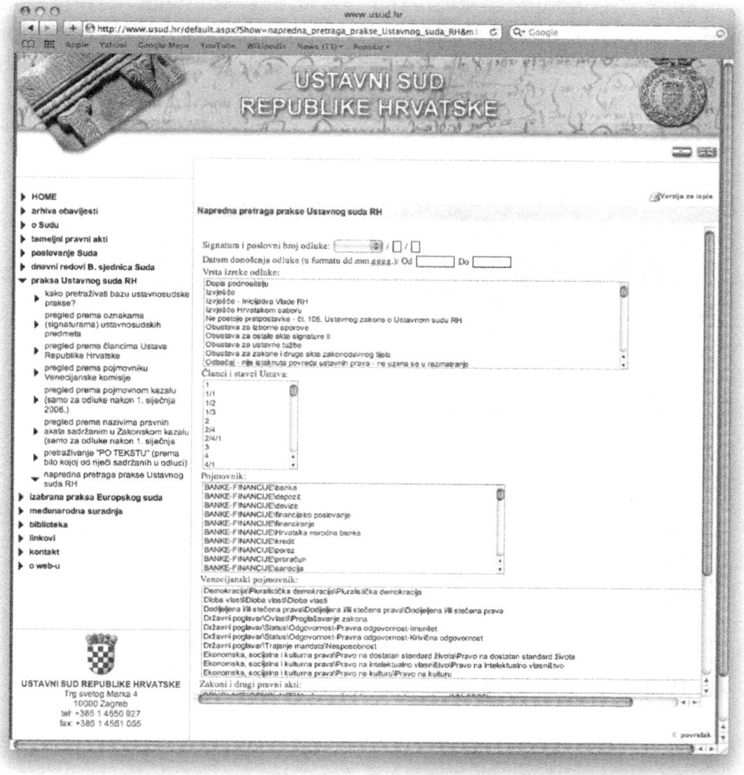

Slika 30 - Napredna pretraga prakse Ustavnog suda

7.2.4. ŽUPANIJSKI, OPĆINSKI I PREKRŠAJNI SUDOVI

Kako u Hrvatskoj postoji 217 prvostupanjskih sudova, od kojih je 110 prekršajnih sudova, 107 općinskih sudova i 13 trgovačkih sudova, te još 21 županijski sud, ti sudovi neće biti zasebno prikazani, već će biti dan okvirni sadržaj njihovih web stranica. Poveznice na prvostupanjske sudove moguće je pronaći na http://sudovi.pravosudje.hr/.

Svi sudovi na svojim web stranicama, osim osnovnih informacija o instituciji, sadrže i ročišnik (raspored sudskih rasprava) i oglasnu ploču. U ovisnosti od suda do suda, te rubrike se više-manje ažurno nadopunjuju. Također, svaki sud ima i rubriku natječaja.

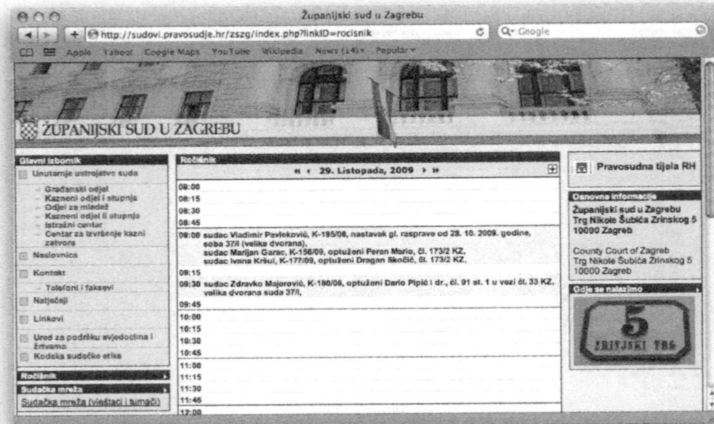

Slika 31 - Online ročišnik Županijskog suda u Zagrebu

7.2.5. DRŽAVNO SUDBENO VIJEćE

Državno sudbeno vijeće (www.dsv.pravosudje.hr) nadležno je za imenovanje sudaca, njihovo razrješenje, vođenje stegovnih postupaka protiv sudaca i drugih postupaka protiv sudaca. Na web stranici DSV-a moguće je pronaći odluke i najave sjednica i to u rubrici Novosti.

Novinarima može biti zanimljiva i Udruga hrvatskih sudaca (www.uhs.hr).

7.2.6. POLICIJA

Web stranica Ministarstva policije (www.policija.hr) sadrži osnovne informacije o ministru i ministarstvu, novosti i arhivu novosti, informacije o projektima koje provodi ministarstvo i programe djelovanja. Sama pretraga web stranice može se izvršiti jednostavnim pretraživanjem, upotrebom tražilice.

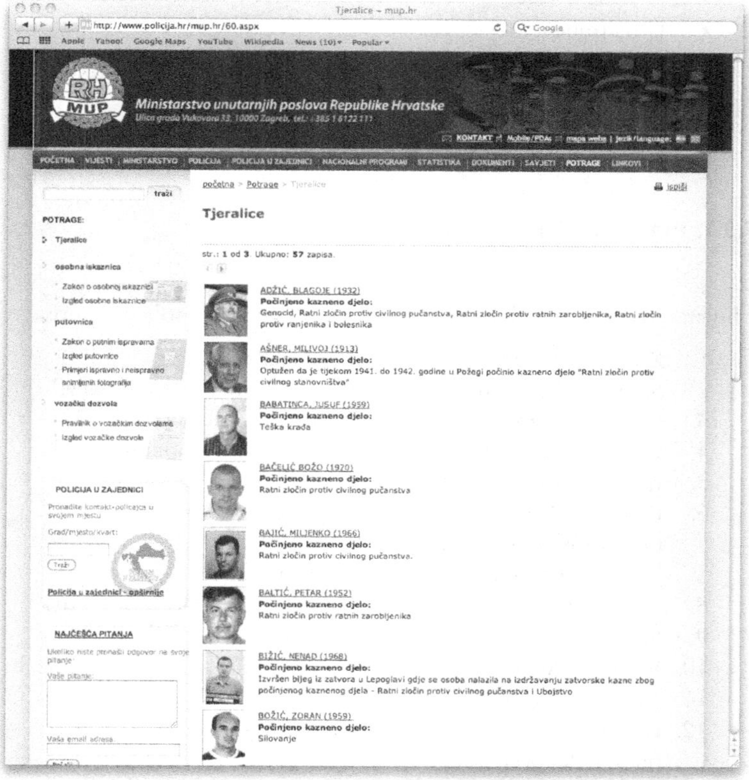

Slika 32 - Pregled tjeralica MUP-a

Novinarima je ova stranica interesantna zbog rubrike Novosti, gdje se objavljuju najvažniji događaji vezani uz kriminal u RH. Međutim, još bolja je rubrika Halo Policija, gdje se objavljuju gotovo sve informacije o aktivnostima policije s područja Republike Hrvatske. Obje kategorije mogu se pratiti putem RSSa.

Također, vrlo je zanimljiva rubrika Potrage, koja se sastoji od četiri podrubrike:

- Tjeralice
- Nestale osobe
- Umjetnine
- Nepoznati počinitelji kaznenih dijela.

Za pretragu lokalnih informacija neophodno je otići na web stranice policijskih uprava.

7.2.7. POLICIJSKE UPRAVE

Ministarstvo unutarnjih poslova ustrojilo je slijedeće policijske uprave:

1. Zagrebačka (www.zagrebacka.policija.hr)
2. Splitsko-dalmatinska (www.splitsko-dalmatinska.policija.hr)
3. Primorsko-goranska (www.primorska.policija.hr)
4. Osječko-baranjska (www.osjecko-baranjska.policija.hr)
5. Istarska (www.istarska.policija.hr)
6. Dubrovačko-neretvanska (www.dubrovacko-neretvanska.policija.hr)
7. Karlovačka (www.karlovacka.policija.hr)
8. Sisačko-moslavačka (www.sisacko-moslavacka.policija.hr)
9. Šibensko-kninska (www.sibensko-kninska.policija.hr)
10. Vukovarsko-srijemska (www.vukovarsko-srijemska.policija.hr)
11. Zadarska (www.zadarska.policija.hr)
12. Bjelovarsko-bilogorska (www.bjelovarsko-bilogorska.policija.hr)
13. Brodsko-posavska (www.brodsko-posavska.policija.hr)
14. Koprivničko-križevačka (www.koprivnicko-krizevacka.policija.hr)
15. Krapinsko-zagorska (www.krapinsko-zagorska.policija.hr)

16. Ličko-senjska (www.licko-senjska.policija.hr)
17. Međimurska (www.medjimurska.policija.hr)
18. Požeško-slavonska (www.pozesko-slavonska.policija.hr)
19. Varaždinska (www.varazdinska.policija.hr)
20. Virovitičko-podravska (www.viroviticko-podravska.policija.hr)

Web stranice policijskih uprava napravljene su tipski i sadrže jednake informacije kao web stranica Ministarstva unutarnjih poslova, samo lokalnog karaktera. Jedino što treba izdvojiti jest dio s novostima, koje su isključivo lokalne i predstavljaju dobar izvor novinarskih ideja. Kao i u slučaju MUP-a, moguće ih je nadzirati upotrebom RSSa.

7.2.8. SIGURNOSNO OBAVJEŠTAJNA AGENCIJA

Web stranica (www.soa.hr), osim osnovnih informacija, ne sadrži puno interesantnih informacija i podataka za novinare. U slučaju da novinar prati područje rada ove službe, na web stranici se mogu naći pojmovnik, način rada i ovlasti, nadzor rada, normativni akti i obavijesti.

7.2.9. DRŽAVNO ODVJETNIŠTVO I USKOK

Web stranice Državnog odvjetništva Republike Hrvatske (www.dorh.hr) i Ureda za suzbijanje korupcije i organiziranog kriminaliteta (www.uskok.hr) gotovo su identične. Sadrže osnovne informacije o instituciji i načinu rada. Novinarima su zanimljive rubrike Priopćenja, odnosno Novosti, koje je moguće pratiti upotrebom RSSa.

Web stranice je moguće pretraživati jednostavnom pretragom.

Slika 33 - Početna stranica DORH

7.3. STUDIJA SLUČAJA

Jedna od vrlo čestih tema o kojoj će dopisnici iz gradova na Jadranskoj obali morati izvještavati jesu aktivnosti Nacionalne središnjice za traganje i spašavanje, koja u suradnji s Hrvatskom policijom i lučkim kapetanijama traži ljude i spašava ih. Stoga novinari moraju redovito posjećivati web stranice Državne uprave za zaštitu i spašavanje, Ministarstva policije i policijskih uprava na kojima, u rubrikama novosti, budu redovito objavljene takve informacije.

U Pločama je 12. listopada u večernjim satima 52-godišnji Rumunj pao s broda Katarina, o čemu je odmah obaviještena Obalna radio postaja Split, a samim time i navedene službe. Kako je naveo Index.hr, odmah po zaprimljenoj obavijesti, Nacionalna središnjica za traganje i spašavanje na moru sa sjedištem u Rijeci započela je koordinaciju traganja i spašavanja nestalog člana posade. Također, putem ORP Split radio, poslana je poruka hitnosti o čovjeku u moru, čime su izviješteni svi brodovi u plovidbi navedenim akvatorijem da budno motre i izvijeste Lučku kapetaniju Ploče ili Središnjicu u Rijeci[31].

Iako je u akciju bilo uključen veći broj plovila, zbog jako otežanih vremenskih uvjeta (jak vjetar, veliki valovi i loša vidljivost), akcija je oko 01 sat otkazana. Slijedećeg je jutra kod luke Trpanj na Pelješcu pronađeno mrtvo tijelo, za koji je zapovjednik broda potvrdio da se radi o njihovom nestalom članu posade.

Novinar Index.hr je pri praćenju ove teme konzultirao web stranicu Policijska uprave Dubrovačko-neretvanske (www.dubrovacko-

[31] A.H. Kod Trpnja pronađeno tijelo Rumunja koji je sinoć pao u more u luci Ploče. 13.10.2009. URL: www.index.hr/vijesti/clanak/kod-trpnja-pronadjeno-tijelo-rumunja-koji-je-sinoc-pao-u-more-u-luci-ploce/454975.aspx. (27.10.2009.)

neretvanska.policija.hr) i Državne uprave za traganje i spašavanje (www.duzs.hr).

Kod Trpnja pronađeno tijelo Rumunja koji je sinoć pao u more u luci Ploče

Tekst: H.A.
Foto: Ilustracija, luka-ploce.hr

LUČKA kapetanija Ploče izvjestila je jutros u 08.10 sati da je kod luke Trpanj na Pelješcu pronađeno mrtvo tijelo, te da je zapovjednik broda "Katharina" potvrdio da se radi o njihovom članu posade, rumunjskom državljaninu u dobi od 52 godine koji je sinoć pao u more prilikom isplovljavanja broda iz luke Ploče, izvijestilo je Ministarstvo mora.

52-godišnji Rumunj sinoć je pao s broda Katarina, o čemu je odmah obaviještena Obalna radio postaja Split. Radi se o brodu dužine 146 metara, zastave Antigua i Barbuda, koji je bio na putu iz Ploča za Rijeku.

Odmah po zaprimljenoj obavijesti Nacionalna središnjica za traganje i spašavanje na moru sa sjedištem u Rijeci započela je koordinaciju traganja i spašavanja za nestalim članom posade. Također, putem ORP Split radio poslana je poruka hitnosti o čovjeku u moru, čime su izvješteni svi brodovi u plovidbi navedenim akvatorijem da budno motre i izvijeste Lučku kapetaniju Ploče ili Središnjicu u Rijeci.

8. FINANCIJE I EKONOMIJA

8.1. UVOD

U ovom poglavlju bit će prikazane web stranice financijskih institucija u Republici Hrvatskoj. Naučit ćete koji se podaci nalaze na web stranicama ministarstava financija i gospodarstva. Također, naučit ćete kako doći do informacija o poduzećima na Zagrebačkoj burzi, stranicama Državne revizije i drugih sličnih institucija.

Posebna pažnja posvećena je vlasništvu stranih poduzeća, čiji se podaci mogu pronaći na online bazama, a čiji popis je dio ovog poglavlja.

8.2. MINISTARSTVA

Ministarstvo financija (www.mfin.hr) na svojim web stranicama ima osnovne informacije o ministru i ministarstvu, novosti i arhivu novosti, informacije o projektima koje provodi ministarstvo, te programe djelovanja. Web stranicu je moguće pretraživati upotrebom jednostavne tražilice.

Ova stranica je zanimljiva jer sadrži aktualni proračun RH i njegove rebalanse. Također, moguće je pronaći arhivu proračuna, koja datira do 1998. godine, a ponuđen je i pregled propisa i uputa za lokalne proračune, te arhiva lokalnih proračuna od 1998. do 2002. godine.

Slično kao u slučaju prethodnog ministarstva, web stranica Ministarstva gospodarstva (www.mingorp.hr) sadrži osnovne informacije o ministru i ministarstvu, novosti i arhivu novosti, informacije o projektima koje provodi ministarstvo i programe djelovanja. Pretraživanje web stranice može se izvršiti jednostavnim pretraživanjem lokalnom tražilicom. Kod ove web stranice treba istaknuti Središnji obrtni registar, koji vodi Ministarstvo, a nalazi se na web adresi http://or.mingorp.hr/.

Registar sadrži podatke o imenu i prezimenu vlasnika obrta, djelatnostima, vrsti obrta te mjestu pogona, a temeljem tih kategorije se može vršiti i pretraživanje.

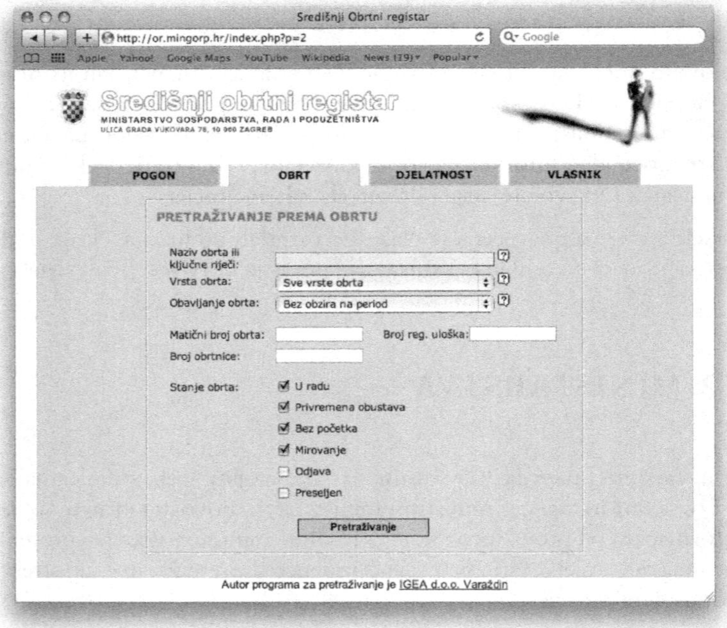

Slika 34 - Početna stranica Središnjeg obrtnog registra

Također, zanimljiv je i dio web stranice o poticajima koje daje Ministarstvo (www.mingorp.hr/default.aspx?id=1618), gdje se mogu pronaći objave javnih poziva i projektna dokumentacija.

8.3. ZAGREBAČKA BURZA

Zagrebačka burza (www.zse.hr) je vrlo zanimljiv novinarski izvor u smislu financija i izvještavanja o poslovanju poduzeća. Web stranica, osim osnovnih informacija o burzi, u vrlo kratkom vremenskom roku izvještava o vrijednostima dionica poduzeća koja kotiraju na toj burzi, donosi svakodnevne izvještaje o ukupnom prometu, te stanju burzovnih indeksa.

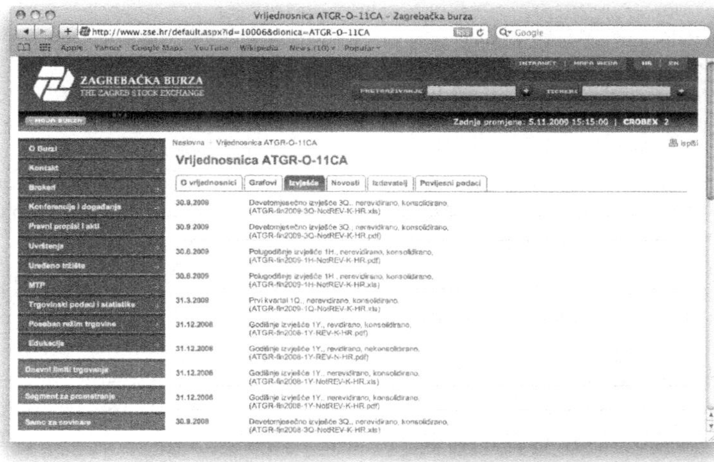

Slika 35 - Pregled izvješća Zagrebačke burze

Za novinare koji se ne bave isključivo financijama posebno je zanimljiv dio s uvrštenjima. Ustvari, radi se o online bazi poduzeća čije dionice kotiraju na tržištu dionica u sklopu ove burze. Takva poduzeća dužna su podnositi kvartalna, polugodišnja, devetomjesečna i godišnja izvješća o svom poslovanju. Osim financijskih podataka o poslovanju, takva izvješća sadrže podatke o vrijednosti poduzeća, knjige prihoda i rashoda, te druge novine o tim poduzećima. Godišnja izvješća, među ostalim, sadrže i podatke o deset najvećih dioničara – odnosno vlasnicima poduzeća. Podaci o vlasništvu sadrže ime i prezime osobe, odnosno naziv tvrtke, adresu, broj dionica i postotak dionica od ukupnog broja dionica. Pretraga izvješća obavlja se abecedno i putem jednostavne pretrage.

Osim izvješća za svako poduzeće, moguće je pronaći novosti o poduzeću (sjednice skupštine, ulaganja, dividend, nove dionice i dr.) i povijest poslovanja.

Novosti, financijske izvještaje i obustave moguće je pratiti putem RSSa.

8.4. HRVATSKA NARODNA BANKA

Hrvatska narodna banka (www.hnb.hr) može biti dobar novinarski izvor u slučaju izvještavanja o monetarnoj i deviznoj politici u Republici Hrvatskoj, financijskom nadzoru nad poslovanjem banaka i štedionica, financijskoj stabilnosti i platnom prometu. Osim navedenih informacija, na web stranici se još mogu pronaći informacije o samom HNBu, tečajnim listama (uključujući arhivu koja datira od listopada 1997.), propise i pravila, te druge podatke o djelovanju te institucije.

U kontekstu financijske stabilnosti, novinarima još mogu biti zanimljive Hrvatska agencija za nadzor financijskih usluga (www.hanfa.hr), Državna agencija za osiguranje štednih uloga (www.dab.hr), Središnje klirinško depozitarno društvo (www.skdd.hr), Središnji registar osiguranika (www.regos.hr), Hrvatska banka za obnovu i razvoj (www.hbor.hr) i druge institucije.

8.5. REVIZIJA

Državni ured za reviziju (www.revizija.hr) vrelo je podataka i informacija o financijskom poslovanju institucija na nacionalnom i lokalnom nivou. Na ovoj web stranici tako se mogu pronaći:

- Izvješće o obavljenoj reviziji financijskih izvještaja i poslovanja političkih stranaka i nezavisnih zastupnika za 2008.
- Redovne revizije (revizije institucije po odabiru Ureda)

- Revizije pretvorbe i privatizacije

Vlasništvo nad poduzećima ili barem promjene u vlasništvu mogu se iščitati iz izvještaja o reviziji privatizacije i pretvorbe 901 hrvatske tvrtke, koji su objavljeni na web stranici Državnog ureda za reviziju. Web adresa je http://www.revizija.hr/hr/izvjesce/revizije-pretvorbe-i-privatizacije/. U tim izvještajima nalaze se podaci o vlasničkoj strukturi nakon pretvorbe i vlasničkoj strukturi u vrijeme obavljanja revizije, o poslovanju poduzeća, procijenjenoj vrijednosti, ocjeni pretvorbe i privatizacije, te očitovanje zakonskog predstavnika pravne osobe.

8.6. POREZNA I CARINSKA UPRAVA

Na web stranici Porezne uprave (www.pu.mfin.hr) prikazane su osnovne informacije o upravi, poreznom sustavu, novosti, zakoni i propisi. Omogućava jednostavno pretraživanje. Također, zanimljiva je usluga e-porez, za pristup kojoj je neophodno ishoditi digitalni certifikat od strane Financijske agencije (www.fina.hr).

Slično Poreznoj upravi, službena web stranica Carinske uprave (www.carina.hr) također donosi informacije o upravi, zakonske propise te druge informacije i podatke važne za poslovanje te institucije. Novinarima mogu biti zanimljivi online baza carinskih tarifa (www.carina.hr/ActInternet/MainFrame/AplMainFrame.aspx) i rubrika novosti, gdje izvještavaju o svakodnevnim aktivnostima carine, na prvom mjestu različitim antikorupcijskim aktivnostima i borbi protiv šverca.

8.7. HRVATSKI FOND ZA PRIVATIZACIJU

Web stranica Hrvatskog fonda za privatizaciju (www.hfp.hr) sadrži informacije o djelovanju te institucije u obliku osnovnih informacija, plana privatizacije, nekretnina u vlasništvu, ponudbene dokumentacije i kontakt podataka. Posebno treba istaknuti rubriku Oglasi u tijeku, gdje se objavljuju oglasi za prodaju poduzeća u državnom vlasništvu. Osim oglasa, za svako poduzeće koje se prodaje može se downloadati i druga prodajna dokumentacija.

8.8. POSLOVNA UDRUŽENJA

Hrvatska gospodarska komora (www.hgk.hr) na svojoj web stranici donosi osnovne informacije o organizaciji. Novinarima su posebno zanimljive rubrike Pregled stanja u gospodarstvu kroz nekoliko gospodarskih područja i Online baze.

HGK omogućava pristup slijedećim online bazama:

- Registar poslovnih subjekata
- Očevidnik nekretnina i pokretnina
- Registar posrednika i Imenik agenata u prometu nekretnina
- Registar hrvatskih izvoznika
- Burza roba i usluga
- Burza otpada

Registar poslovnih subjekata (www1.biznet.hr/HgkWeb/do/extlogon) je baza podataka svih hrvatskih poduzeća registriranih na Trgovačkom sudu od osnutka Republike Hrvatske. Brzim pristupom, registar nudi mogućnost pregleda podataka za pojedinačno poduzeće ili odabrani set poduzeća, grupiranih po određenim kriterijima (po djelatnostima, veličini poduzeća i drugo). Podaci koji se mogu pronaći su: matični broj, kraći i duži naziv, županija, općina, adresa, djelatnost, kontakti (tel., fax., e-mail), veličina tvrtke, pretežita djelatnost, pravni oblik, podrijetlo kapitala, vlasništvo, odgovorne osobe, broj djelatnika, pripadnosti strukovnom udruženju i ostali podaci[32]. Sustav omogućava jednostavno i napredno pretraživanje.

---

[32] HGK. Registar poslovnih subjekata. URL: http://www1.biznet.hr/HgkWeb/do/extlogon?lang=hr_HR. (4.11.2009.)

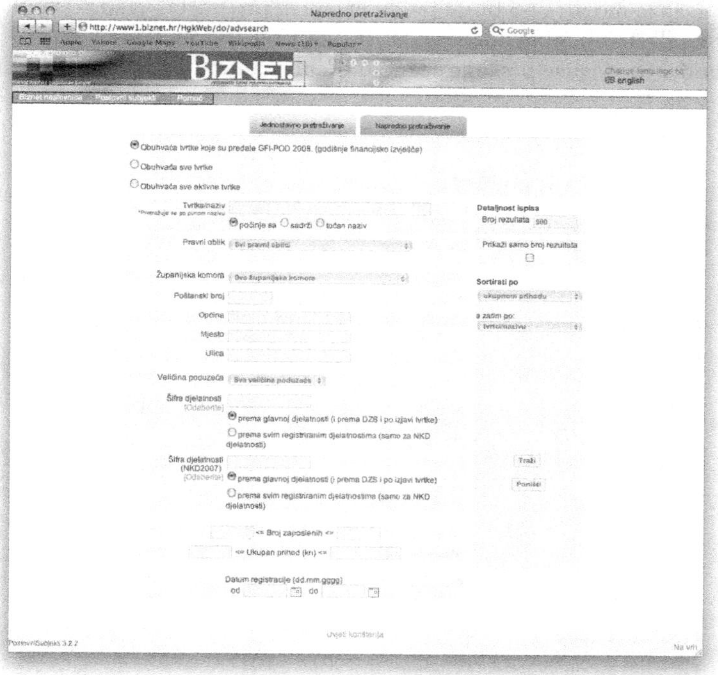

Slika 36 - Online baza poduzeća u sklopu HGK

Očevidnik nekretnina i pokretnina (http://hgkreg.hgk.hr/Ovrha/faces/index.jsp) je baza nekretnina i pokretnina koje se prodaju u ovršnom postupku. Očevidnik se vodi o svim nekretninama koje se prodaju u ovršnom postupku, a o pokretninama, ako je njihova procijenjena vrijednost veća od 50.000,00 kuna[33]. Omogućena je pretraga nekretnina, pokretnina, prava i imovine.

[33] HGK. Očevidnik nekretnina i pokretnina koje se prodaju u ovršnom i stečajnom Postupku. URL: http://hgkreg.hgk.hr/Ovrha/faces/index.jsp. (4.11.2009.)

Pretraga je moguća po broju predmeta, vrsti predmeta, vrsti postupka (ovrha ili stečaj), površini, vrijednosni, županiji, općini i naselju. Također je moguće podatke sortirati prema datumu dražbe, vrijednosti i naselju.

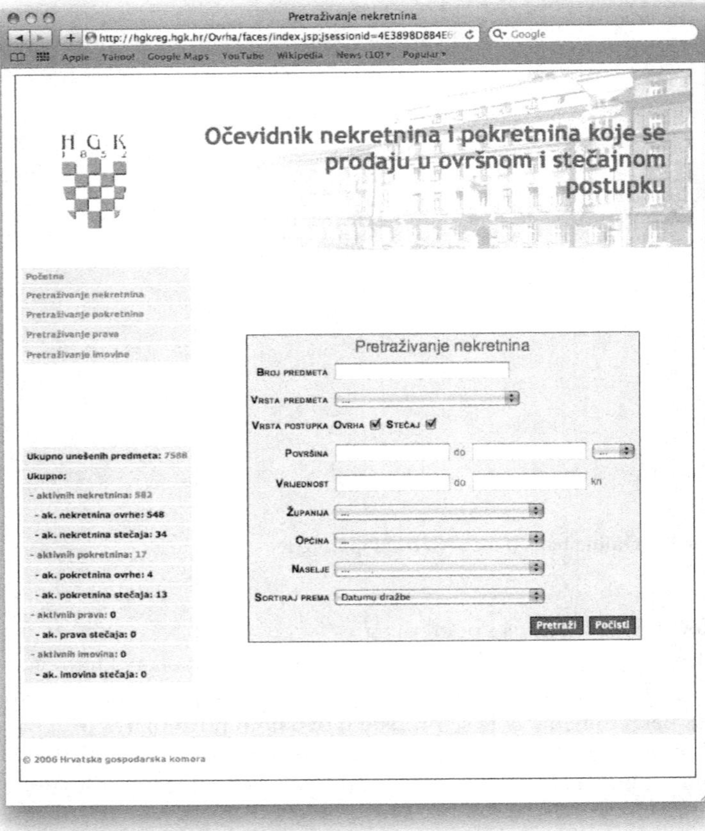

Slika 37 - Online baza prodaja u ovršnom i stečajnom postupku

Registar posrednika (http://hgkreg.hgk.hr:8126/posredovanje/) sadrži podatke o pravnim i fizičkim osobama kojima je Ministarstvo gospodarstva, rada i poduzetništva izdalo rješenje o ispunjavanju uvjeta za obavljanje posredovanja u prometu nekretnina. Registar se može pretraživati prema posrednicima (registarskom broju, matičnom broju, nazivu, županiji, općini i naselju) i prema imenu i prezimenu agenta.

Kao što sam naziv govori, Registar hrvatskih izvoznika (www2.hgk.hr/izvoznici) sadrži bazu hrvatskih poduzeća koja se bave izvozom. Pretraživanje je moguće prema nazivu tvrtke i/ili glavnoj djelatnosti (ribarstvo, stočarstvo...), carinskoj tarifi (drvo, čokolada...) ili uslugama (vodeni, zračni prijevoz...).

Burza roba i usluga (www1.biznet.hr/Burza/do/listing?catId=-1) je posebno organiziran servis Hrvatske gospodarske komore s ciljem povezivanja ponuda i potražnji hrvatskih i stranih tvrtki. Hrvatska poduzeća svoje oglase objavljuju besplatno. Pretraživanje oglasa se može obaviti odabirom kategorije (predmeta ponude) ili naprednim pretraživanjem (ključna riječ, naziv poduzeća, država, ciljana država i dr.)

Burza otpada (www1.biznet.hr/Burza/do/listing?catId=20) zamišljena je kao središte ponuda i potražnji svih vrsta otpada nastalih tijekom proizvodnje, a organizirana je s ciljem povezivanja poslovnih partnera koji nude ili traže sve vrste korisnog otpada/sekundarnih sirovina, a koje se mogu iskoristiti kao ulazna sirovina za daljnju proizvodnju. Nažalost, sadrži svega nekoliko oglasa.

Web stranica Hrvatske obrtničke komore (www.hok.hr) sadrži osnovne informacije o radu te organizacije, Novinarima mogu biti zanimljive rubrike Novosti i Kalendar HOKa, gdje se objavljuju najave događanja.

U sklopu poslovnih udruženja zanimljiva je i web stranica Hrvatske udruge poslodavaca (www.hup.hr).

8.9. PODUZEĆA

Kada smo govorili o trgovačkim sudovima, spomenuli smo i sudski registar kao online mjesto gdje se također mogu pronaći podaci o poduzećima. Problem nastaje kad su osnivači domaćih poduzeća inozemna poduzeća, što je jedna od tehnika skrivanja stvarnog vlasništva. U sudskom registru mogu se pronaći samo podaci o nazivu i sjedištu, ali ne i podaci o vlasništvu te inozemne tvrtke. Međutim, problem nije nerješiv, ako se radi o zemljama zapadnog demokratskog ustroja. Kao i Hrvatska, te zemlje imaju svoje sudske registre poslovnih subjekata ili registre koje vode gospodarske komore, a koji su dostupni online.

Treba istaknuti kako polovina od navedenih zemalja nudi pretraživanje i rezultate na engleskom jeziku, te da je kod većine zapadnoeuropskih zemalja za pristup podacima o vlasništvu poduzeća i financijskom poslovanju potrebno platiti naknadu koja varira od 0,50 do 40,00 eura po dokumentu.

Pojedine zemlje nude i širi raspon podataka i usluga kao što su nadzor, odnosno obavještavanje prilikom promjene podataka, popis diskvalificiranih osoba, popis bankrota, popis hipotekarnih zaduženja i druge slične informacije.

Osim ovih izvora, postoji veći broj međunarodnih komercijalnih davatelja usluga izvještavanja o poduzećima. Glavni europski servis, koji je davatelj usluga takvog tipa, je European Business Register koji se nalazi na web stranici http://www.ebr.org/. Ovaj servis nudi poslovne podatke o poduzećima u Austriji, Belgiji, Estoniji, Finskoj, Francuskoj, Njemačkoj, Grčkoj, Irskoj, Italiji, Latviji, Makedoniji, Nizozemskoj, Norveškoj, Srbiji, Španjolskoj, Švedskoj, Ukrajini i Velikoj Britaniji. Iako se radi o jedinstvenom servisu, cijena usluge varira od države do države.

Kroz ovaj servis mogu se dobiti podaci o nazivu poduzeća, registracijskom broju, adresi sjedišta, zemlji registracije, datumu registracije, mjestu registracije, tijelu pred kojim je izvršena registracija, pravnom obliku, trenutnom statusu, predmetu poslovanja i datumu zadnjeg financijskog izvještaja. Osim temeljnih podataka o poduzeću, na ovaj način mogu se dobiti podaci o direktorima poduzeća, pretraživati pojedine osobe radi utvrđivanja gdje su sve direktori ili druge službene osobe, dobiti podaci o temeljnom kapitalu, vlasnicima i godišnjim financijskim izvještajima (samo za zemlje u kojima sudski registri imaju takve podatke).

Još jedan primjer međunarodnog komercijalnog servisa je Bureau van Dijk koji se nalazi na web adresi http://www.bvdep.com/. Ovaj servis je izvrsna početna točka, ako novinar ne zna gdje je poduzeće registrirano. Nudi četrdesetak različitih baza za pretraživanje financijskih i drugih podataka o poduzeća na globalnom nivou. Za novinare su zanimljive baze Amadeus i Orbis.

Amadeus baza sadrži podatke o 11 milijuna poduzeća iz 41 europske zemlje, koji su kombinirani iz podataka 30 nacionalnih registara. Baza osigurava povijest promjena podataka u zadnjih deset godina, a sadržani su podaci o godišnjim prihodima i rashodima, ukupnom prometu, predmetu poslovanja, temeljni podaci i podaci o vlasništvu. Također, sadrži informacije o poduzećima iz izvještaja Reuters, Dow Jones, Financial Times, kao i „tračeve" iz njihovog posebnog sustava ZEPHYR.

Baza Orbis donosi podatke o 51 milijunu poduzeća na globalnom nivou. Sadrži jednake podatke kao Amadeus baza. Obje baze moguće je pretraživati na više od 100 načina. Prednost ovakvih baza leži u činjenici da kombiniraju različite izvore i registre, te daju podatke o vlasništvu.

Iako je za korištenje spomenutih baze neophodno plaćanje naknade, tvrtka Bureau van Dijk omogućuje i ograničeni besplatni pristup „Free Trial" za dobavljanje osnovnih izvještaja o 30 tvrtki.

Glavna tehnika prikrivanja vlasništva nad poduzećima jest osnivanje poduzeća u „offshore" zemljama, koje je onda vlasnik poduzeća u Hrvatskoj ili Europi. Niti jedna od tih zemalja (Britanski Djevičanski otoci, Kamajski otoci, Bermuda i dr.) ne vodi online dostupne registre poduzeća. Također, dio tih zemalja niti ne zahtjeva upis vlasništva. Međutim, servisi poput LexisNexis http://www.lexisnexis.com/infopro/ i Company Documents.com http://www.companydocuments.com mogu osigurati i takve podatke, uz plaćanje naknade koja može varirati od 25 do 500 eura po kompaniji.

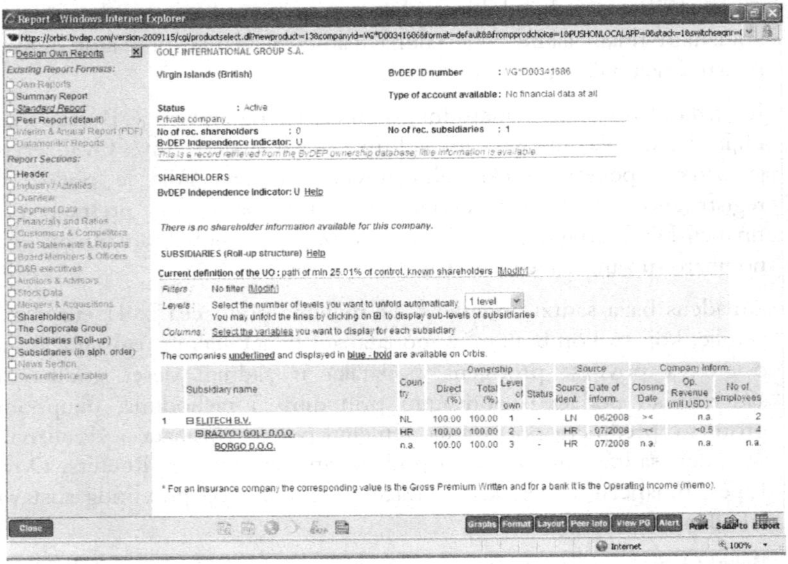

Slika 38 - Pregled rezultata online baze Amadeus

Kad se izvještava o poduzećima koji su osnovani u Sjedinjenim Američkim Državama, treba imati na umu kako se registri vode i na razini pojedinih saveznih država.

Popis međunarodni online registara poduzeća:

Zemlja	URL
Andora	www.ompa.ad/angles/comerc/cerca.htm
Anguilla	www.anguillafsc.com/company_search.html
Aruba	www.arubachamber.com/registry/registry_search.afp
Australija	www.search.asic.gov.au/gns001.html
Austrija	www.firmenbuchgrundbuch.at
Bahami	24.244.159.69:8081/netdata/db2www.pgm/c_public.ndm/start
Bahrain	http://www.big.bh/eInvestor.Web/Web.UI.Pages/Inquiry/Inquiry.aspx?inq=1
Belgija	www.eurodb.be
Bermuda	www.roc.gov.bm/roc/rocweb.nsf/roc?OpenFrameSet
Brazil	www.facil.dnrc.gov.br/Servicos/busca_nome.htm
Cipar	www.drcor.mcit.gov.cy/portal/page/portal/Eforos/dttSearch_en
Crna Gora	http://www.crps.cg.yu/home.php?akcija=registar
Češka	portal.justice.cz/uvod/JusticeEN.aspx
Danska	http://cvr.dk/Site/Forms/CMS/DisplayPage.aspx?pageid=0
Estonija	https://ar.eer.ee/
Filipini	http://www.sec.gov.ph/
Finska	http://www.ytj.fi/english/yrityshaku.aspx?path=1704;1736;2052&kielikoodi=3
Francuska	http://www.euridile.inpi.fr/weur3/init.ow?WRNCSRV2=1909430627127948
Grčka	http://jobs.acci.gr/bs/eng/search.asp
Hong Kong	http://www.icris.cr.gov.hk/csci/
Irska	http://www.cro.ie/search/
Italija	http://www.infocamere.it/
Jordan	http://www.ccd.gov.jo:7777/ccd_gov_jo_2/CompanyInquiry/companyByNameAction_reset.do
Južna afrika	http://www.cipro.co.za/products_services/search.asp

Kina	http://english.mofcom.gov.cn/
Latvija	http://www.lursoft.lv/?a=83&v=en
Liheštajn	http://www.oera.li/hrweb/ger/firmensuche.htm
Litva	http://www.registrucentras.lt/jar_p_en/
Luksemb urg	https://www.rcsl.lu/
Mađarska	http://www.cegtalalo.hu/
Malta	http://www.mfsa.com.mt/MFSAWebServices/
Nigerija	http://www.cac.gov.ng/
Nizozems ka	https://server.db.kvk.nl/wwwsrvu/html/zoek.htm
Norveška	http://www.brreg.no/
Novi Zeland	http://www.companies.govt.nz/cms/banner_template/C NAME
Njemačka	https://www.handelsregister.de/rp_web/mask.do?Typ=n
Poljska	http://opp.ms.gov.pl/
Portugal	http://www.guianet.pt/
Rumunjsk a	http://recom.onrc.ro/
SAD	http://www.sec.gov/edgar/searchedgar/companysearch.h tml
Singapur	https://www.psi.gov.sg/
Sjeverna Irska	https://www.secure.detini.gov.uk
Slovačka	http://www.orsr.sk/search_subjekt.asp?lan=en
Slovenija	http://www.gzs.si/register_eng/
Srbija	http://www.apr.sr.gov.yu/RepsisPublicSite/Search/Gener alEnterpriseSearch.aspx?lngrnd=1891932580
Španjolsk a	https://www.registradores.org/registroVirtual/init.do
Švedska	https://snr4.bolagsverket.se/snrgate/startIn.do?new=true
Švicarska	http://www.zefix.ch
Tajland	http://knowledgebase.dbd.go.th/dbd/BRA/searchForBR. aspx
Velika	http://wck2.companieshouse.gov.uk/

Britanija

Tablica 6 - Pregled web stranica sudskih registara u Svijetu

Slično, Hrvatski savez zadruga vodi evidenciju zadruga i zadružnih saveza, koja je dostupna online na web adresi http://www.zadruge.hr/evidencija_uvod.aspx.

Zadružna evidencija sadrži podatke o nazivu zadruge, sektoru zadruge, djelatnostima, kontakt podacima, godini osnivanja, odgovornoj osobi i njezinu broju telefona. Pretraživanje se obavlja po nazivu, sektoru, djelatnosti, županiji i ključnim riječima.

Treba imati na umu da većina poduzeća ima svoje web stranice na kojima se mogu pronaći pdoaci o tim poduzećima, pratiti novosti, provjeravati informacije te utvrđivati kronologije, odnosno razvoj određenih događaja. U pravilu se web adrese poduzeća sastoje od imena poduzeća (ili skraćenog naziva) i vršne oznake hr. Tako, na primjer, Zagrebačka banka ima web stranicu www.zaba.hr.

8.10. POSLOVNI MEDIJI

Kao dobar izvor informacija o financijama i gospodarstvu treba spomenuti i poslovne medije. Na prvom mjestu, tu su:

- Business.hr (www.business.hr)
- Seebiz.eu (www.seebiz.eu)
- Poslovni.hr (www.poslovni.hr)
- Limun.hr (www.limun.hr)

Business.hr je jedan od vodećih poslovnih medija u Hrvatskoj. Moguće ga je pretraživati jednostavnom tražilicom i pratiti putem RSSa. Arhiv starije verzije portala moguće je pretraživati prema kategorijama i unutar određenog vremenskog perioda.

Poslovni portal Seebiz.eu također je jedno od dobrih mjesta za pronalaženje ideja za novinarske priče ili pak sekundarnih podataka. Pokriva područje jugoistočne Europe. Omogućava jednostavno pretraživanje i praćenje putem RSSa.

Poslovni.hr je online inačica Poslovnog dnevnika. Moguće ga je pretraživati putem jednostavne tražilice.

Limun.hr je poslovni portal koji održava Raiffeisen banka. Moguće ga je pretraživati i pratiti uz pomoć RSSa.

8.11. STUDIJA SLUČAJA

Kad su u pitanju privatizacijske teme, jedan od glavnih online izvora je web stranica Hrvatskog fonda za privatizaciju (www.hfp.hr). Poslovni portal Business.hr tako je krajem listopada 2009. godine izvijestio da je Hrvatski fond za privatizaciju objavio javne pozive za prikupljanje ponuda za kupnju dionica Hotela Živogošće, Hotela Podgora, Hotela Medena, hotelskog poduzeća Modra špilja te Ribnjačarstva Končanica[34]
.

[34] Business.hr. HFP nudi četiri hotela. 26.10.2009. URL: http://business.hr/hr/Kompanije/Vijesti/HFP-nudi-cetiri-hotela (27.10.2009.)

Bussiness.hr je također naveo kako rok za predaju ponuda za četiri hotelske tvrtke istječe 28. prosinca, dok se ponude za Ribnjačarstvo Končanicu HFP-u trebaju dostaviti do 25. studenoga[35]. Za svaku od ponuđenih tvrtki novinar je naveo i udjel u vlasništvu HFPa, početnu cijenu, te druge obvezujuće uvjete za potencijalne kupce.

Izvor za pisanje ovih novosti je već spomenuta web stranica, odnosno dio web stranice koji sadrži Javne pozive Hrvatskog fonda za privatizaciju. Ono što je novinar propustio jest provjeriti je li za neko

---

[35] Ibid.

od poduzeća provedena revizija pretvorbe (www.revizija.hr) i/ili kotiraju li njihove dionice na Zagrebačkoj burzi i po kojoj vrijednosti.

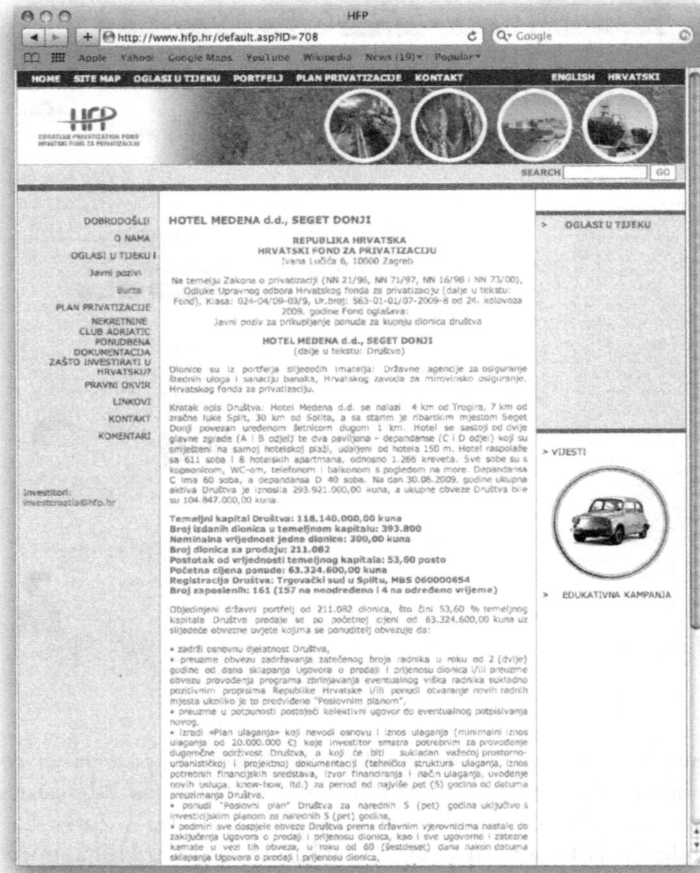

HFP

http://www.hfp.hr/default.asp?ID=708

Apple Yahoo! Google Maps YouTube Wikipedia News (19) Popular

HOME SITE MAP OGLASI U TIJEKU PORTFELJ PLAN PRIVATIZACIJE KONTAKT ENGLISH HRVATSKI

CROATIAN PRIVATIZATION FUND
HRVATSKI FOND ZA PRIVATIZACIJU

SEARCH GO

DOBRODOŠLI!
O NAMA
OGLASI U TIJEKU
Javni pozivi
Burza
PLAN PRIVATIZACIJE
NEKRETNINE
CLUB ADRIATIC
PONUDBENA DOKUMENTACIJA
ZAŠTO INVESTIRATI U HRVATSKU?
PRAVNI OKVIR
LINKOVI
KONTAKT
KOMENTARI

Investitori:
investcroatia@hfp.hr

HOTEL MEDENA d.d., SEGET DONJI

REPUBLIKA HRVATSKA
HRVATSKI FOND ZA PRIVATIZACIJU
Ivana Lučića 6, 10000 Zagreb

Na temelju Zakona o privatizaciji (NN 21/96, NN 71/97, NN 16/98 i NN 73/00), Odluke Upravnog odbora Hrvatskog fonda za privatizaciju (dalje u tekstu: Fond), Klasa: 024-04/09-03/9, Ur.broj: 563-01-01/07-2009-8 od 24. kolovoza 2009. godine Fond oglašava:
Javni poziv za prikupljenje ponuda za kupnju dionica društva

HOTEL MEDENA d.d., SEGET DONJI
(dalje u tekstu: Društvo)

Dionice su iz portfelja slijedećih imatelja: Državne agencije za osiguranje štednih uloga i sanaciju banaka, Hrvatskog zavoda za mirovinsko osiguranje, Hrvatskog fonda za privatizaciju.

Kratak opis Društva: Hotel Medena d.d. se nalazi 4 km od Trogira, 7 km od zračne luke Split, 30 km od Splita, a sa starim je ribarskim mjestom Seget Donji povezan uređenom šetnicom dugom 1 km. Hotel se sastoji od dvije glavne zgrade (A i B odjel) te dva paviljona - depandanse (C i D odjel) koji su smješteni na samoj hotelskoj plaži, udaljeni od hotela 150 m. Hotel raspolaže sa 611 soba i 8 hotelskih apartmana, odnosno 1.266 kreveta. Sve sobe su s kupaonicom, WC-om, telefonom i balkonom s pogledom na more. Depandansa C ima 60 soba, a depandansa D 40 soba. Na dan 30.06.2009. godine ukupna aktiva Društva je iznosila 293.921.000,00 kuna, a ukupne obveze Društva bile su 104.847.000,00 kuna.

Temeljni kapital Društva: 118.140.000,00 kuna
Broj izdanih dionica u temeljnom kapitalu: 393.800
Nominalna vrijednost jedne dionice: 300,00 kuna
Broj dionica za prodaju: 211.082
Postotak od vrijednosti temeljnog kapitala: 53,60 posto
Početna cijena ponude: 63.324.600,00 kuna
Registracija Društva: Trgovački sud u Splitu, MBS 060000654
Broj zaposlenih: 161 (157 na neodređeno i 4 na određeno vrijeme)

Objedinjeni državni portfelj od 211.082 dionica, što čini 53,60 % temeljnog kapitala Društva prodaje se po početnoj cijeni od 63.324.600,00 kuna uz slijedeće obvezne uvjete kojima se ponuditelj obvezuje da:

• zadrži osnovnu djelatnost Društva,
• preuzme obvezu zadržavanja zatečenog broja radnika u roku od 2 (dvije) godine od dana sklapanja Ugovora o prodaji i prijenosu dionica i/ili preuzme obvezu provođenja programa zbrinjavanja eventualnog viška radnika sukladno pozitivnim propisima Republike Hrvatske i/ili ponudi otvaranje novih radnih mjesta ukoliko je to predviđeno "Poslovnim planom",
• preuzme u potpunosti postojeći kolektivni ugovor do eventualnog potpisivanja novog,
• izradi «Plan ulaganja» koji navodi osnovu i iznos ulaganja (minimalni iznos ulaganja od 20.000.000 €) koje investitor smatra potrebnim za provođenje dugoročne održivost Društva, a koji će biti sukladan važećoj prostorno-urbanističkoj i projektnoj dokumentaciji (tehnička struktura ulaganja, iznos potrebnih financijskih sredstava, izvor financiranja i način ulaganja, uvođenje novih usluga, know-how, itd.) za period od najviše pet (5) godina od datuma preuzimanja Društva,
• ponudi "Poslovni plan" Društva za narednih 5 (pet) godina uključivo s investicijskim planom za narednih 5 (pet) godina,
• podmiri sve dospjele obveze Društva prema državnim vjerovnicima nastale do zaključenja Ugovora o prodaji i prijenosu dionica, kao i sve ugovorne i zatezne kamate u vezi tih obveza, u roku od 60 (šestdeset) dana nakon datuma sklapanja Ugovora o prodaji i prijenosu dionica,

> OGLASI U TIJEKU

> VIJESTI

> EDUKATIVNA KAMPANJA

9. KULTURA, OBRAZOVANJE I ZDRAVSTVO

9.1. UVOD

U ovom poglavlju bit će prikazan pregled najvažnijih web izvora za područje kulture, obrazovanja i zdravstva. Što se kulturnih institucija tiče, naučiti ćete što se nalazi na web stranici Ministarstva kulture i drugih institucija iz tog područja. Poseban fokus bit će usmjeren na web portal Culturenet.hr, kao centralno mjesto za izvještavanje o kulturi u Hrvatskoj.

O obrazovanju, odnosno znanosti također će biti riječi. U poglavlju će biti prikazane sve online baze koje vode različite institucije, a iz kojih se mogu pronaći podaci o znanstvenicima, projektima, institucijama i dr.

Na kraju poglavlja ćete naučiti koje informacije i podatke nudi Ministarstvo zdravstva, te kako pronaći kontakt podatke institucija iz sustava zdravstva i socijalne skrbi.

9.2. MINISTARSTVO KULTURE

Web stranica Ministarstva kulture (www.min-kulture.hr) kao i u slučaju svih drugih ministarstava, sadrži osnovne informacije o ministru i Ministarstvu, novosti i arhivu novosti, informacije o projektima koje provodi Ministarstvo i programima djelovanja. Web stranicu je moguće pretraživati upotrebom tražilice za jednostavno pretraživanje. Novinarima je zanimljiva rubrika Najave događanja, koju je moguće pratiti putem RSSa. Također, vrlo je zanimljiv Registar kulturnih dobara RH (www.min-kulture.hr/default.aspx?id=31). Nažalost, moguće ga je pretraživati samo listanjem po godinama objave upisa.

9.3. KULTURNE INSTITUCIJE

U Hrvatskoj postoji veliki broj institucija od nacionalnog, regionalnog i lokalnog značaja. Gotovo ih je nemoguće sve popisati, a kamoli prikazati sadržaj njihovih web stranica. Stoga će u nastavku biti prikazane one koje su novinarima najzanimljivije.

Hrvatski državni arhiv (www.arhiv.hr) na svojoj web stranici donosi osnovne informacije o svome radu, ustroju i službama. Novinarima je zanimljiv pregled fondova i zbirki koji se na razini Hrvatske vodi u sustavu Arhinet (http://arhinet.arhiv.hr). Pretraživanje kataloga moguće je na stranici

http://arhinet.arhiv.hr/_Pages/SearchIndexPage.aspx?Id=18.

Naziv arhiva	URL
Arhiv HAZU	http://mahazu.hazu.hr/arhiv_ak
Državni arhiv u Dubrovniku	www.dad.hr
Državni arhiv u Gospiću	www.arhiv-gospic.hr
Državni arhiv u Osijeku	www.dao.hr
Državni arhiv u Pazinu	www.dapa.hr
Državni arhiv u Rijeci	www.riarhiv.hr
Državni arhiv u Splitu	www.das.hr
Državni arhiv u Zagrebu	www.daz.hr
Franjevački samostan Male braće	www.malabraca.hr

Tablica 7 - Pregled web stranica arhiva u RH

Hrvatski državni arhiv interesantan jer je u njemu pohranjena zbirka dokumenata iz Ureda prvog hrvatskog predsjednika Franje Tuđmana. Za pristup zbirci neophodno je dobiti dopuštenje Vlade RH.

Neovisno imaju li web stranicu ili ne, arhivi su institucije koje su zadužene za prikupljanje primarne i sekundarne građe, dakle dokumenata i drugih podataka i informacija koji mogu biti zanimljivi novinarima. Ako, na primjer, novinar traži arhivu novina, u svakom arhivu moći će pronaći barem lokalne i regionalne novine.

Kao i u slučaju arhiva, knjižnice su institucije koje će također biti vrlo zanimljive novinarima. Polazna točka je Nacionalna i sveučilišna knjižnica (www.nsk.hr). Online katalog NSK može se pronaći na adresi http://katalog.nsk.hr, dok se skupni katalog svih hrvatskih knjižnica može pronaći na web adresi http://katalog.nsk.hr.

Od kulturnih institucija treba još posebno istaknuti muzeje te festivale i raznorazne manifestacije. Pregled tih institucija i njihovi URLovi mogu se pronaći na web stranici Culturenet.hr, odnosno njihovom katalogu (www.culturenet.hr/default.aspx?id=8)

Slika 39 - Jedan od najboljih kulturnih izvora

Culturenet je jedna od web stranica koju novinari ne smiju zaobići. Osim svakodnevnog obavijesti o kulturnim događajima i aktivnostima, novinarima je zanimljiva rubrika Kalendar, gdje se može pronaći kalendar događanja po danima za cijelu Hrvatsku. Manifestacije se mogu pretraživati po nazivu, kategorijama, tipu i datumu. Kalendar je moguće nadzirati upotrebom RSSa.

Web stranicu Culturenet.hr moguće je pretraživati jednostavnom i naprednom tražilicom.

9.4. MINISTARSTVO ZNANOSTI, OBRAZOVANJA I ŠPORTA

Web stranica Ministarstva znanosti www.mzos.hr podijeljena je u tri dijela: znanost, obrazovanje i šport. U općem dijelu mogu se pronaći podaci o Ministarstvu i ministru, radu i aktivnostima Ministarstva, programima i dr. Također, u tom dijelu nalaze se rubrike u kojima se objavljuju novosti i natječaji.

Kad je riječ o znanosti, novinarima su vrlo zanimljive online baze koje sadrže podatke o projektima, znanstvenicima, institucijama i studijskim programima:

- Projekti (http://zprojekti.mzos.hr/Home_hr.htm)
- Znanstvenici (http://www.mzos.hr/znanstvenik/znanstvenik.asp)
- Studijski programi (http://mozvag.srce.hr/preglednik/pregled/index)
- Institucije iz sustava (ne samo znanstvene) (http://public.mzos.hr/Default.aspx?sec=3138)
-

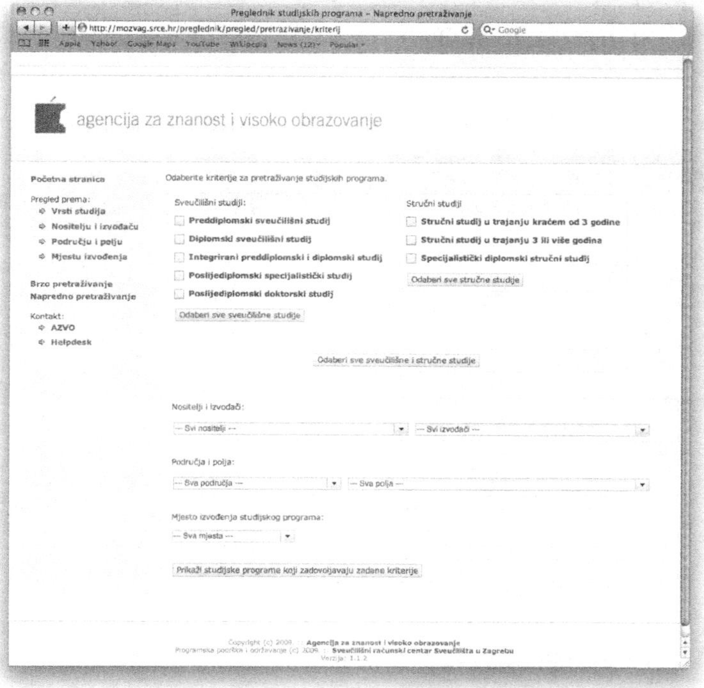

Slika 40 - Online baza studijskih programa u RH

U sklopu istraživanja o znanosti treba uzeti u obzir i Agenciju za znanost i visoko obrazovanje (www.azvo.hr), te Nacionalnu zakladu za znanost, visoko školstvo i tehnologijski razvoj Republike Hrvatske (www2.nzz.hr), koje se svojim područjem rada prepleću sa Ministarstvom.

Također, o znanosti treba konzultirati i Hrvatsku akademiju znanosti i umjetnosti (www.hazu.hr), Institut Ruđer Bošković (www.irb.hr), Institut za društvena istraživanja Ivo Pilar (www.pilar.hr), te online baze:

- Hrvatska znanstvena bibliografija (http://bib.irb.hr/)
- Tko je tko u hrvatskoj znanosti (http://tkojetko.irb.hr/)

• Hrčak – Portal znanstvenih časopisa Republike Hrvatske (http://hrcak.srce.hr/)

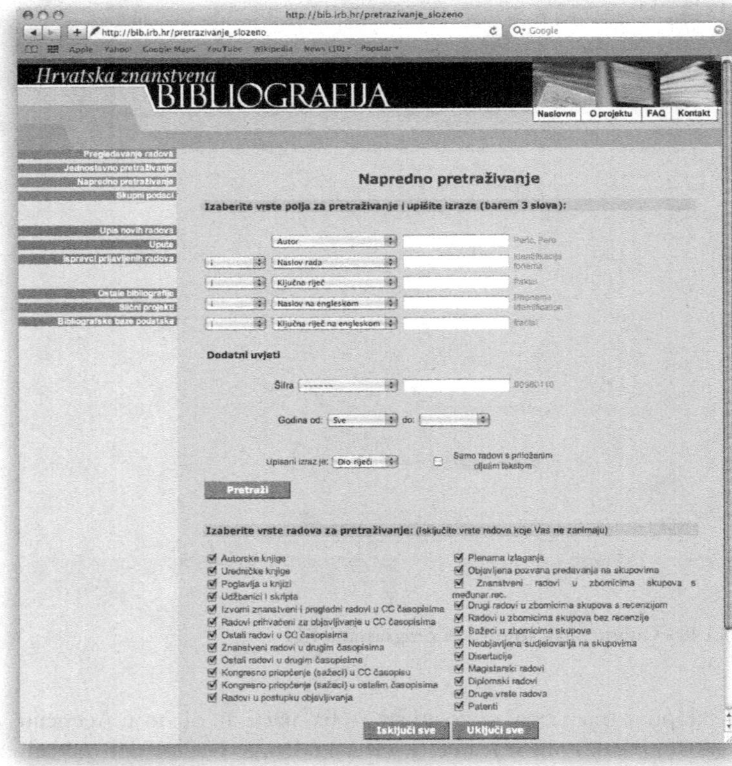

Slika 41 - Online baza Hrvatska znanstvena bibliografija

U slučaju prve baze, riječ je o online portalu koji osigurava pristup svim informacijama relevantnima za znanost i znanstvena istraživanja u RH koji kreiraju sami autori, a ne knjižničari[36]. Moguće je pretraživati znanstvene radove, znanstvene projekte, istraživačke ustanove,

---

[36] Hrvatska znanstvena bibliografija. O projektu. URL: http://bib.irb.hr/o_projektu. (9.11.2009.)

prosudbene skupine i autore. Omogućava jednostavno i napredno pretraživanje te pregled, odnosno listanje.

Online baza Tko je tko u hrvatskoj znanosti sadrži podatke, kao što sam naziv govori, o hrvatskim znanstvenicima. Informacije o znanstvenicima uključuju biografiju, ažurnu bibliografiju, školovanje, napredovanja, nagrade, radno iskustvo, trenutno zaposlenje, članstva, aktivnosti, kao i neobavezne informacije vezane uz druge interese, znanja, vještine, hobije i sl[37]. Omogućava listanje po abecedi, ustanovi, područjima i poljima, te pretraživanje po prezimenu i interesu znanstvenika.

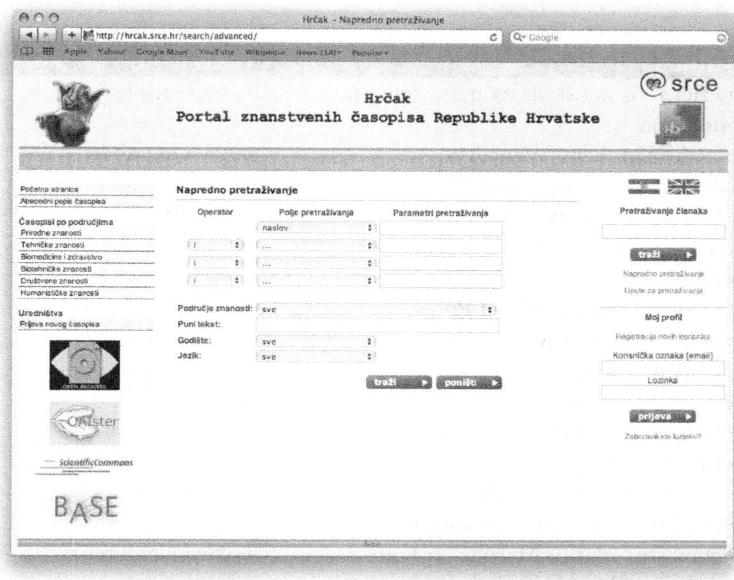

Slika 42 - Pretraga sadržaja hrvatskih znanstvenih časopisa

Hrčak je online baza koja okuplja hrvatske znanstvene i stručne časopise, te nudi otvoreni pristup svojim radovima ili minimalno

---

[37] Knjiznice Instituta Ruder Boskovic. Kratki opis projekta. URL: http://tkojetko.irb.hr/oprojektu.php. (9.11.2009.)

bibliografskim podacima i sažecima svojih radova. Trenutno se u bazi nalazi 196 časopisa sa 3206 brojeva[38]. Pregled je moguć prema časopisima i područjima, a omogućene su i jednostavna i napredna pretraga.

Novinarima bi također mogle biti zanimljive web stranice Sveučilišnog računalnog centra Srce (www.srce.hr) i Hrvatske akademske istraživačke mreže Carnet (www.carnet.hr).

Sva sveučilišta i veleučilišta u Hrvatskoj imaju web stranice, jednako kao i većina fakulteta i odjela, odnosno odsjeka.

Institucija	URL
Američka visoka škola za management i tehnologiju	www.acmt.hr
Hrvatsko katoličko sveučilište	www.unicath.hr
Međimursko veleučilište u Čakovcu	www.mev.hr
Međunarodno sveučilište u Dubrovniku	www.diu.hr
Sveučilište Josipa Jurja Strossmayera u Osijeku	www.unios.hr
Sveučilište Jurja Dobrile u Puli	
Sveučilište u Dubrovniku	www.unidu.hr
Sveučilište u Rijeci	www.uniri.hr
Sveučilište u Splitu	www.unist.hr
Sveučilište u Zadru	www.unizd.hr
Sveučilište u Zagrebu	www.unizg.hr
Tehničko veleučilište u Zagrebu	www.tvz.hr
Veleučilište "Lavoslav Ružička" u Vukovaru	www.vevu.hr
Veleučilište "Marko Marulić" u Kninu	www.veleknin.hr
Veleučilište "Nikola Tesla", Gospić	www.velegs-nikolatesla.hr
Veleučilište u Karlovcu	www.vuka.hr
Veleučilište u Požegi	www.vup.hr
Veleučilište u Rijeci	www.veleri.hr
Veleučilište u Slavonskom Brodu	www.vusb.hr
Veleučilište u Šibeniku	www.vus.hr

[38] Hrcak. O hrcku. URL: http://hrcak.srce.hr/. (9.11.2009.)

U slučaju istraživanja o obrazovanju i sportu, Ministarstvo na svojim web stranicama daje samo osnovne informacije i pravne regulative.

Novinarima još može biti interesantan Nacionalni centar za vanjsko vrednovanje obrazovanja (www.ncvvo.hr).

9.5. GODIŠNJACI MATURANATA

Jedna od web stranica koja će vrlo brzo biti od velike koristi novinarima (ako već i sada nije) jest web stranica Godišnjak maturanata (www.matura.hr).

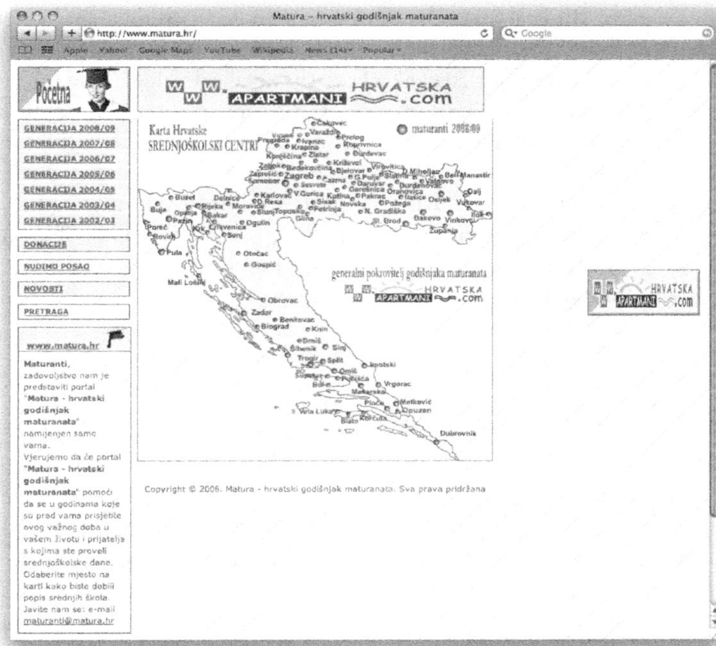

Tablica 8 - Web stranica hrvatskih visokoznanstvenih institucija

Slika 43 - Online baza svih maturanata u RH

Ova web stranica sadrži bazu maturanata koja datira od generacije 2002/2003. školske godine. Maturanti su prikazani fotografijom i imenom i prezimenom. Bazu je moguće pregledavati prema generaciji, mjestu, smjeru i školi, te pretraživati po imenu i prezimenu ili godini mjestu, školi i smjeru.

Prava vrijednost ovog internetskog izvora bit će kad baza bude sadržavala 20ak generacija, odnosno kad maturanti postanu političari, javne osobe i dr.

9.6. MINISTARSTVO ZDRAVSTVA I SOCIJALNE SKRBI

Web stranica Ministarstva zdravstva (www.mzss.hr) podijeljena je u tri dijela: Zdravstvo, Socijalna skrb i Ministarstvo. Web stranica je vrlo štura i donosi samo uputstva kako koristiti neke od usluga koje nude. U dijelu o Ministarstvu mogu se pronaći podaci o ustroju, publikacije, pravila i dokumenti. Novinarima je najzanimljivija rubrika Novosti, koje priprema služba za odnose s javnošću. Jedina online baza je adresar ministarstva (www.mzss.hr/hr/adresar_ustanova), gdje se mogu pretraživati sve ustanove prema tipu, nazivu i županiji. Također, moguće je izvršiti listanje prema tipu ustanove. Većina ustanova ima svoju web stranicu, čija se web adresa može pronaći u ovom adresaru.

9.7. STUDIJA SLUČAJA

U studenom 2009. godine u Hrvatskoj se počela širiti svinjska gripa H1N1. Ministarstvo zdravstva i socijalne skrbi komuniciralo je s novinarima isključivo putem ministra Zorana Milinovića. Međutim, Ministarstvo nije na vrijeme dostavljalo informacije, pogotovo kad su se počeli redati slučajevi hospitaliziranih osoba u vrlo teškom stanju, te nakon što su prvi pacijenti umrli. Zbog toga su se novinari obratili alternativnim izvorima, a jedan među njima je i Hrvatski zavod za javno zdravstvo (www.hzjz.hr).

Nakon što je preminula druga osoba (trogodišnja djevojčica), novinari su informaciju prvo dobili od neslužbenog izvora, a potvrdu su pronašli na web stranici spomenutog zavoda[39], gdje je u posebnoj rubrici o epidemiji u tablici o broju oboljelih i umrlih naveden taj podatak[40]. Informacija nije sadržavala podatke o identitetu niti dobnoj skupini žrtve, ali je bila dovoljna da se od ministra dobiju detaljni podaci o slučaju, te drugi podaci o epidemiji.

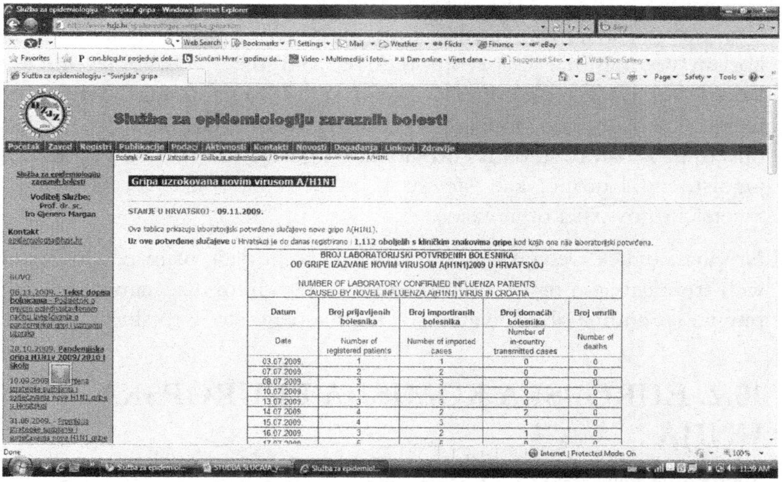

[39] Sluzba za epidemologiju zaraznih bolesti. Stanje u Hrvatskoj. URL: http://www.hzjz.hr/epidemiologija/svinjska_gripa.htm .(10.11.2009.)

[40] J.C. U Hrvatskoj još jedna osoba umrla od svinjske gripe. 10.11.2009. URL: http://www.index.hr/vijesti/clanak/u-hrvatskoj-jos-jedna-osoba-umrla-od-svinjske-gripe/459239.aspx (10.11.2009.)

10. MEĐUNARODNI WEB IZVORI

10.1. UVOD

U ovom poglavlju biti će riječi o međunarodnim izvorima koji su vrlo korisni novinarima. U prvom redu će biti riječi o web izvorima o Europskoj uniji i pristupanju Hrvatske toj organizaciji. Zatim ćete naučiti kako doći do podataka o drugim organizacijama koje su bile u bliskoj prošlosti ili su danas od vitalnog utjecaja na Hrvatsku i područje jugoistočne Europe, kao što su Ujedinjeni narodi, Svjetska banka i Svjetska trgovinska organizacija.

Novinari uvijek trebaju imati na umu da se podaci, osim na službenim web stranicama, mogu pronaći i na međunarodnim inačicama, koje su u pravilu spremnije objavljivati više i točnije nego što je to slučaj u RH.

10.2. EUROPSKA KOMISIJA I EUROPSKA UNIJA

Najvažnija web stranica i početna točka za istraživanje kada je u pitanju Europska unija i Europska komisija je http://europa.eu/. Stranica je prevedena na sve službene jezike EU, a kad Hrvatska postane članica bit će i na hrvatskom jeziku. U ovom dijelu bit će prikazani samo dijelovi od velikog novinarskog interesa, jer bi prikazivanje svega zahtijevalo na tisuće stranica.

Kod redovitog praćenja Europske unije treba početi s web stranicom Službe za odnose s javnošću

(http://europa.eu/press_room/index_en.htm). No, treba znati da većina institucija EU ima zasebne press službe, a adrese se mogu pronaći na

http://europa.eu/press_room/press_centers/index_en.htm.Tu se mogu pronaći podaci o akreditacijama i drugim uslugama koje se nude novinarima.

Na stranici (virtualne) službe mogu se pronaći posljednja priopćenja, kalendar događaja, izdvojeni događaji i novinarski paketi za pojedine događaje, kao i adresar institucija. Priopćenja, odnosno novosti, se mogu sortirati prema izvoru i temi.

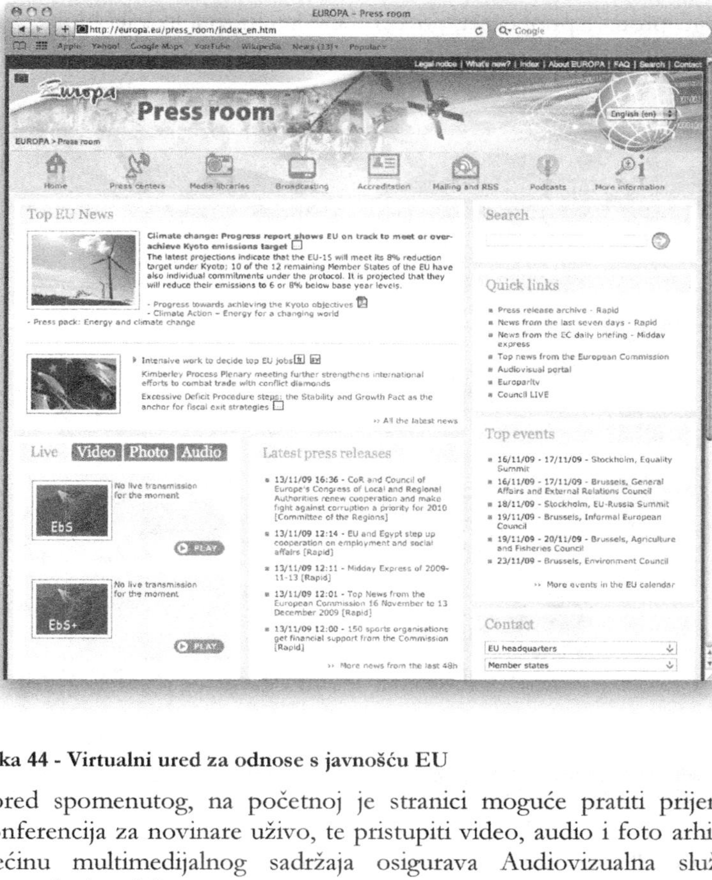

Slika 44 - Virtualni ured za odnose s javnošću EU

Pored spomenutog, na početnoj je stranici moguće pratiti prijenos konferencija za novinare uživo, te pristupiti video, audio i foto arhivu. Većinu multimedijalnog sadržaja osigurava Audiovizualna služba Europske komisije

(http://ec.europa.eu/avservices/video/index_en.cfm). Na stranicama službe moguće je pretraživati video, audio i foto arhivu prema ključnoj riječi ili referentnom broju. Služba je vrlo ažurna, te se materijali mogu pronaći unutar nekoliko sati od događaja. Koje događaje će pokrivati možete pronaći u kalendaru EU događaja http://europa.eu/eucalendar/. Novosti (priopćenja) i podcast se može pratiti putem RSSa.Hrvatskim novinarima će vrlo važni biti podaci o pristupanju Hrvatske Europskoj uniji. Početni izvor je web stranica o širenju EU http://ec.europa.eu/enlargement/index_en.htm. Tu se mogu pronaći priopćenja, govori, newsletteri, publikacije, dokumenti, fotografije i dr.

Slika 45 - Podaci i informacije o proširenju EU

Sve druge podatke o EU moguće je pronaći na http://europa.eu/index_en.htm.

10.3. EUROPSKI PARLAMENT

Kao i u slučaju prethodne stranice, web stranica Europskog parlamenta (http://www.europarl.europa.eu/) je prevedena na sve službene jezike EU. Novinarima će biti zanimljivi dijelovi o parlamentarcima, sjednicama i aktivnostima. Također, imaju jako dobru Službu za odnose s javnošću

http://www.europarl.europa.eu/news/expert/default_en.htm. Online je moguće napraviti akreditaciju, preuzeti dokumente i priopćenja, dowloadati fotografije, video i audio materijale sa sjednica te druge za novinare namijenjene materijale. Imaju i jako dobar adresar.

Sjednice Europskog parlamenta se mogu pratiti uživo putem Interneta. Streaming i raspored praćenja se može vidjeti na linku http://www.europarl.europa.eu/eplive/public/default_en.htm.

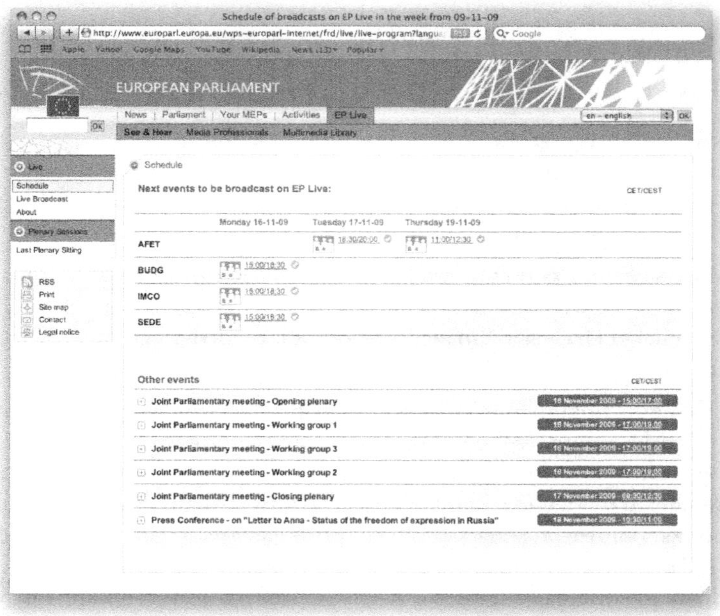

Slika 46 - Prijenosi uživo sjednica Europskog parlamenta

Novosti se mogu pratiti putem RSSa, a postoje različiti feedovi za izbor novosti, priopćenja, pozadinske informacije, dnevne redove i drugo.

10.4. EURO STATS

Statistički zavod Europske unije

(http://epp.eurostat.ec.europa.eu/portal/page/portal/eurostat/home/) je još jedno odlično mjesto za novinare jer, osim statističkih podataka za EU, prikuplja i podatke za Hrvatsku kao pristupajući članicu. Pored uobičajenih statističkih podataka, Eurostats redovito vrši istraživanja mišljenja javnosti o mnogim društveno političkim problemima. Nove izvještaje je moguće prikupljati putem RSSa, a punu listu istraživanja moguće je pronaći na:

http://epp.eurostat.ec.europa.eu/portal/page/portal/publications.

10.5. DELEGACIJA EUROPSKE KOMISIJE U RH

Web stranica Delegacije europske komisije u Hrvatskoj (http://www.delhrv.ec.europa.eu/?lang=hr) je vrlo dobro mjesto za izvještavanje o pristupanju Hrvatske EU. Za razliku od prethodno spomenutih, prevedena je na hrvatski jezik.

Osim sto sadrži osnovne informacije o Delegaciji, Europskoj uniji te poveznice na web stranice institucija EU, za novinare su vrlo važne rubrike EU i Hrvatska, Financijska potpora, te Mediji i komunikacija.

EU i Hrvatska sadrži najvažnije informacije o pristupanju, ključne događaje i dokumente, izvješća o napretku te detalje pregovora. Financijska potpora EU donosi nam osnovne informacije o programima financijske potpore Hrvatske. Novinarima će posebno biti zanimljiv dio Mediji i komunikacija, koji ustvari predstavlja virtualni ured za odnose s javnostima. Tu posebno treba izdvojiti kalendar događanja te priopćenja za tisak, koje je moguće nadzirati putem RSSa. Arhivu priopćenja je moguće listati prema mjesecu i godini objave. Cijelu stranicu moguće je pretražiti putem jednostavne tražilice.

Slika 47 - Web stranica delegacije Europske komisije u RH

10.6. VIJEĆE EUROPE

Web stranica Vijeća Europe (www.coe.int) je jako dobro mjesto za izvještavanje o Hrvatskoj. Ima englesku, francusku, talijansku, njemačku i rusku verziju. Osim osnovnih informacija o organizaciji, tu se mogu pronaći podaci o aktivnostima I institucijama koje djeluju u sklopu Vijeća Europe. Služba za odnose s javnošću redovito objavljuje priopćenja za javnost, fotografije, podcast i video na web adresi www.coe.int/t/dc/av/default_EN.asp. Također, na toj stranici se može izvršiti akreditacija. Da bi se primala priopćenja, neophodno je izvršiti registraciju.

Pored pregleda press materijala, dokumenata, rezolucija i sl., može se pretraživati naprednom tražilicom na web adresi http://www.coe.int/t/dc/av/advsearch_en.asp. Polje pretrage se, osim ključnim riječima, može suziti na pretraživano razdoblje, vrstu dokumenta i jezik na kojem je dokument pisan, te temu.

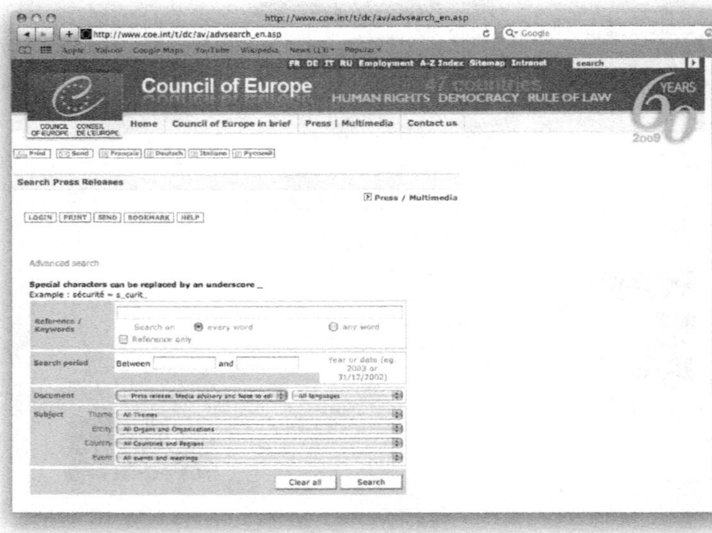

Slika 48 - Pretraga web stranice Vijeća Europe

10.7. NATO

Web stranica NATOa, kao vojne organizacije čija je Hrvatska članica, može se pronaći na adresi www.nato.int. Sadrži osnovne informacije o organizaciji, aktivnosti i planove. Novinarima je zanimljiv dio koji im je namijenjen (http://www.nato.int/cps/en/SID-27C1FB53-257A708D/natolive/news_room.htm). Kao i u prethodnim slučajevima, tu je moguće pronaći govore, priopćenja, događaje, fotografije, video i audio sadržaje. Klikom na bilo koju od spomenutih kategorija, osim izlistanja najvažnijih, dobije se i napredna tražilica koja omogućava pretraživanje po ključnim riječima i datumu.

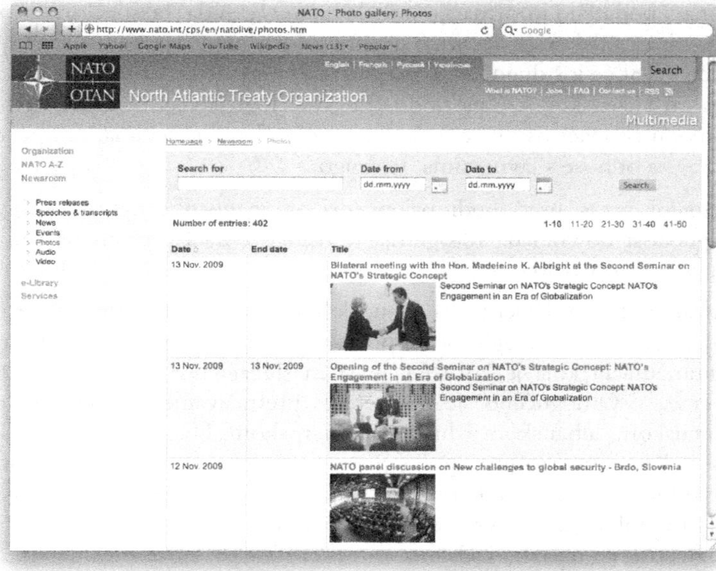

Slika 49 - Fotografije koje se nude novinarima na download na NATO stranici

Također, dobar servis je NATO elektronička knjižnica (http://193.219.98.16), gdje se mogu pronaći različite NATO publikacije u multimedijalnom obliku. Pretraživanje je moguće prema jeziku, datumu i temi.

Kod ove stranice treba još izdvojiti NATO televiziju (www.natochannel.tv), koja služi kao mjesto za komuniciranje s javnošću i novinarima. Kao što naziv kaže, sadrži uglavnom multimedijalne materijale. Moguće ju je pretraživati jednostavnom tražilicom. Također, treba izdvojiti dio koji se bavi NATO aktivnostima u Afganistanu (www.nato.int/isaf/index.html).

10.8. HAŠKI SUD

Web stranica Haškog suda (www.icty.org) je mjesto gdje će novinari pronaći podatke i informacije o djelovanju tog suda. Iako će on uskoro završiti sa sudskim procesima, taj sud i dokumentacija koju su sakupili predstavljat će još dugo jednu od glavnih tema medijskih istraživanja ne samo u Hrvatskoj, već na području bivše Jugoslavije. Na web stranici se mogu pronaći osnovne informacije o sudu, slučajevima, priopćenja službe za odnose s javnostima, te drugo.

Virtualni press ured nudi priopćenja za javnosti i njihovu arhivu, mogućnost downloada fotografija te uslugu e-mail alarmiranja kad se dogodi nešto važno.

Najzanimljivija rubrika je arhiv sudskih slučajeva (http://icr.icty.org/). Nakon što se izvrši registracija, postoji mogućnost pristupa originalnoj dokumentaciji koja je korištena u svim slučajevima suđenja za ratne zločine. Omogućeno je napredno pretraživanje na engleskom, francuskom, albanskom i hrvatskom (srpskom, bosanskom...) jeziku. Osim ključnim riječima, polje pretrage se može ograničiti imenom optuženog, vrstom dokumenta, naslovom dokumenta, registarskim brojem dokumenta i vremenskim razdobljem. Dobiveni rezultati se mogu sortirati uzlazno i silazno.

10.9. UJEDINJENI NARODI

Web stranica Ujedinjenih naroda (www.un.int) samo je početna stranica koja vodi do velikog broja institucija (i njihovih online prezentacija) koje djeluju pod okriljem UNa. Na početnoj strani mogu se naći poveznice na osnove informacije o UN, ali i na kalendar događaja (http://conf.un.org/dgaacs/meetings.nsf), listu dokumenata koji su potrebni za taj dan (http://daccess-ods.un.org/ods/dailyListOfDocuments.htm), listu najvažnijih događaja i Službu za odnose s javnostima UNa (UN News). Stranicu je moguće pretraživati jednostavnom tražilicom. Poveznice na druge UN institucije mogu se pronaći na http://www.un.int/wcm/content/site/portal/home/pid/5705.

U Hrvatskoj je jedna od najvažnijih UN institucija UNESCO. Na UNESCO web stranici (http://portal.unesco.org/) mogu se pronaći podaci i informacije o obrazovanju, društvenim i humanističkim znanostima, informacijsko komunikacijskim znanostima, te specijalne teme. Nama je najinteresantnija kultura i kulturna baština (http://whc.unesco.org/en/35/). Listu svjetske baštine moguće je pronaći na http://whc.unesco.org/en/list i moguće ju je pretraživati listanjem , putem interaktivne mape i jednostavnom, odnosno naprednom pretragom. Svaki spomenik je prezentiran kratkim opisom, posljednjim novostima, kartom , fotografijama, dokumentima, opasnostima koje mu prijete i sl.

10.10. SVJETSKA BANKA

U doba ekonomske krize jedna od stranica koju novinari sve češće imaju potrebu konzultirati je i web stranica Svjetske banke (http://www.worldbank.org/). Ova institucija na svojoj web stranici donosi niz podataka o svjetskim financijskim tokovima, klimatskim promjenama, energiji, korupciji i borbi protiv korupcije, problemu gladi i dr. Osim osnovnih informacija o instituciji, novinarima će biti vrlo zanimljiv dio s listanjem država, gdje se odabirom Hrvatske (direktna web adresa www.worldbank.hr) mogu pronaći statistički podaci ekonomskoj situaciji u Hrvatskoj, pročitati novosti o tome, te pronaći drugi važni podaci.

10.11. STUDIJA SLUČAJA

Europska komisija Vijeću ministara redovito podnosi izvješća o napretku država kandidatkinja i potencijalnih kandidata na njihovu putu prema EU, uključujući primjenu i provedbu europskih normi. Izvješća predstavljaju temelj za procjenu i preporuke koje će Komisija iznijeti u strateškom dokumentu, a cilj im je omogućiti Europskom vijeću da donese odluku o daljnjim koracima[41]. U takvim godišnjim izvještajima navedeni su glavni problemi u Hrvatskoj, stoga im novinari posvećuju dosta pažnje. Izvještaji se mogu pronaći na web stranici

[4141] Delegacija Europske komisije u Hrvatskoj. Izvješća o napretku Hrvatske. 04.03.2008. URL: http://www.delhrv.ec.europa.eu/?lang=hr&content=65. (15.11.2009.)

Delegacije Europske komisije u Hrvatskoj http://www.delhrv.ec.europa.eu/?lang=hr&content=65.

Novinar HINAe je u listopadu 2009. godine, nakon što je na spomenutoj web stranici objavljen novi izvještaj, zatražio komentar ministar pravosuđa Ivana Šimonovića. Tom prilikom je Šimunović izjavio kako se u izvješću Europske komisije (EK) o napretku Hrvatske zemlja poziva na jačanje napora za provedbu pravosudnih reformi, ali se potvrđuje kako je ostvaren određen napredak. Zagreb se posebice poziva riješiti pitanja koja se odnose na suradnju s Haaškim sudom za ratne zločine, vezana za takozvane "topničke dnevnike" iz operacije Oluja iz 1995. godine. Šimonović je kazao kako će Hrvatska nastaviti potragu za dokumentima[42].

---

[42] SETimes. Ministar pravosuđa ocjenjuje izvješće o napretku Hrvatske. 15.10.2009. URL: http://www.setimes.com/cocoon/setimes/xhtml/hr/newsbriefs/setimes/newsbriefs/2009/10/15/nb-07. (15.11.2009.)

11. BLOG I MIKROBLOG (TWITTER) KAO NOVINARSKI IZVOR

11.1. UVOD

U ovom poglavlju bit će riječi o blogovima kao novinarskim izvorima. Naučit ćete kako ih pretraživati i što jednostavnije nadzirati. Također, naučit ćete kako provjeriti točnost informacija objavljenih na blogovima.

U drugom dijelu bit će riječ o mikroblogiranju, odnosno internetskom servisu Twitter. On može biti jako dobar izvor novih novinarskih priča. Posebna pažnja posvećena je provjeri Twitter posta, s obzirom na točnost.

11.2. BLOGOVI I NJIHOV NADZOR

Blogeri proizvode više sadržaja nego svi novinari u Associated Pressu. Jednakotako, blogovi postaju sve važniji izvor informacija u novinarstvu.

Autori knjige Bloging for the Business Shel Holtz i Ted Demopoulos kažu kako su blogeri obično stručnjaci za teme o kojima pišu, za razliku od novinara koji su najčešće općeg znanja. Ponekad bloger jedini razumije problem i jedina je osoba koju zanima neko područje. No, ne pišu svi blogeri o specifičnim temama koje bi mogle biti zanimljive novinarima. Većina ih još uvijek jednostavno vodi dnevnik o svojim svakodnevnim aktivnostima.

Novinari mogu koristiti blogove kako bi otkrili potencijalne teme, proširili znanje o temi o kojoj žele pisati, pronašli stručnjake za pojedino područje, te utvrdili razvojne smjerove ili stajališta javnosti o pojedinim temama.

11.2.1. PRETRAŽIVANJE BLOGOVA

Postoji više načina za nadzor blogosfere:

• upotrebom RSS-a

• upotrebom tražilica

• upotrebom specijaliziranih tražilica

• pretraživanjem blog servisa

• pretraživanjem specijaliziranih stranica koje okupljaju veći broj tematski usmjerenih blogera

Vrlo je teško svaki dan nadzirati veći broj blogova, ali i drugih internetskih stranica. Rješenje se može pronaći u upotrebi RSS-a. Većina blogera na svojim blogovim ima RSS feed i ,ako se on kopira u neki od RSS preglednika, moguće je pratiti što bloger piše, bez da se odlazi na blog i provjerava što je napisano. Jedini problem je kako naći blogere koji se bave područjem koje nam je zanimljivo. Jedno od rješenja je pretraživanje putem tražilica.

Za te se potrebe najčešće koriste Google (www.google.com), Yahoo (www.yahoo.com) i MSN (www.msn.com). Ove tražilice uključuju sadržaj blogova, ali nisu specijalizirane za pretraživanje takve vrste sadržaja. Rezultat dobiven pretraživanjem, rezultat je računalnog algoritma koji pretražuje cjelokupni indeksirani sadržaj, tako da nova objava na blogu ili informacija o temi koju novinar istražuje može biti „izgubljena" među rezultatima iz drugih izvora. Međutim, vrlo su dobri alati ukoliko tražimo blogere s obzirom na tematsko područje koje pokrivaju.

Specijalizirane tražilice daju bolji uvid u sadržaj blogova. Postoji više različitih internetskih stranica koje nude usluge pretraživanja blogova:

- Technorati (www.technorati.com),
- Sphere (www.sphere.com),
- Google BlogSearch (blogsearch.google.com) i

Technorati predstavlja najsveobuhvatniji pretraživač blog sadržaja. Koristi algoritam koji otkriva što blogeri smatraju važnim i koje ideje privlače najviše njihove pozornosti. Registrira objavu sadržaja unutar 8 minuta. Technorati omogućava pretragu blog postova koja se može suziti s obzirom žele li se kao rezultat dobiti postovi ili blog URL, koje tematsko područje blogovi pokrivaju, kako su čitani, relevantnost i datum. Jednostavna pretraga omogućena je za pretragu blogova. Također, omogućava pretragu kroz direktorij blogera, koji pak uključuje tematski i abecedni pregled.

Sphere pretražuje blogove i novosti, odnosno „povezuje mainstream i konverzacijske medijske sadržaje". Omogućuje samo jednostavno pretraživanje preko ključnih riječi, ali je rezultate moguće sortirati na temelju vremena objave i važnosti. Algoritam za pretraživanje temelji se na mjerenju duljine i frekvencija objave na blogovima i prema učestalosti pisanja pojedinog blogera o temi koja se istražuje.

Google nudi jednostavno i napredno pretraživanje blogova preko ključnih riječi. Tražilica omogućuje pretraživanje više od 2 milijarde milijuna postova, od kojih je, u vrijeme istraživanja (studeni, 2009.), 850 tisuća bilo na hrvatskom jeziku. Napredno pretraživanje omogućuje pretraživanje postova i blogova, pretraživanje prema autorima, vremenu objave i jeziku. Iako je Google vlasnik blog servisa Blogger (www.blogger.com), tražilica omogućuje pretraživanje i drugih blogova. Čak 33 posto blogova koji se pretražuju su na kineskom jeziku.

Od tri najveća hrvatska blog servisa, jedino Bloger.hr (www.bloger.hr) nudi mogućnost vlastitog naprednog pretraživanja prema blogovima, ključnim riječima (tagovima), te gradu, spolu i dobi blogera. Blog.hr nudi jednostavno pretraživanje pomoću tražilice Pogodak, a Mojblog.hr (www.mojblog.hr) preko Googlea.

Pretraživanje specijaliziranih stranica koje okupljaju više tematski orijentiranih blogera omogućuje stranica Pollitika.com (www.pollitika.com). Pollitika.com - projekt je većeg broja hrvatskih blogera koji se, kao što naziv kaže, bave političkim temama. Omogućuje

jednostavno pretraživanje po ključnim riječima i RSS za cjelokupni sadržaj koji se objavi na stranici.

11.2.2. PROVJERA TOČNOSTI

Problem s blogovima jest činjenica da ih je vrlo lako pokrenuti –jednostavnije nego web stranicu, što je jedan od razloga njihove popularnosti. Međutim, uvijek trebaimati na umu da su blogovi osobne stranice gdje autori svjesno objavljujusadržaje pod svojim imenom ili pseudonimom. Prema Amy Gahran „blogovi mogu biti dobar izvor za leadove, citiranje i usmjeravanje priče, ali specifični citati i tvrdnje trebaju se provjeriti klasičnim novinarskim metodama (…) Citiranje blogova jednako je citiranju priopćenja za javnost, neprovjerenih dokumenata ili dojava čitatelja". Cecilia Friend i Jane B. Singer u knjizi Online journalism Ethics:Tradition and Transition kažu kako novinari kod blogova kao izvora moraju provjeriti podatke, ali i izvor, kako bi se utvrdilo koje aktivističke, ideološke ili komercijalne veze bloger ima.

Veliki problem kod blogova predstavlja mogućnost izmjene njihova sadržaja. Naime, može se dogoditi da bloger, nakon što je citiran u medijima, promijeni sadržaj. Zbog toga je nužno snimiti sadržaj, kako bi, u slučaju pravnog spora, postojao dokaz da je to doista objavljeno.

Poseban problem kod blogova jest i privatnost, odnosno potreba da se zaštiti bloger kao izvor informacije. Friend i Singer kažu da je obveza novinara služiti javnosti, a ne izvorima, zbog čega taj pristup treba koristiti i za internetski svijet. To znači da izvor, odnosno autora, treba navesti ako je to u interesu javnosti i ako ta informacija daje kontekst priče. Moraju voditi računa ne samo o tome jesu li te izjave javne, nego i jesu li točne, je li autor korisnik koji je naveden i na koji su način prikupljene. Što se tiče vjerodostojnosti, jednako kao i u slučaju web stranica, novinar mora provjeriti točnost podataka klasičnim metodama, te utvrditi tko je osoba koja je objavila sadržaj.

Točnost se provjerava preko nekoliko elemenata:

- provjera URL-a
- autorstvo
- provjera sadržaja.

Prvi korak u provjeri vjerodostojnosti jest analiza URL-a i to prije nego što se uopće počne čitati blog. Naime, URL može biti indikator vjerodostojnosti. Problem su blog servisi, gdje je analiza URL-a bespredmetna, budući da veliki broj blogova ima istu domenu (URL servis). Međutim, blogovi unutar hrvatskih servisa trebali bi biti prihvatljiviji nego oni unutar stranih blog servisa, jer se za objavljivanje lažnog, uvredljivog i kriminalnog sadržaja može odgovarati pred hrvatskim sudovima. Vlastitu domenu imaju u pravilu stručniji blogeri, a ako se želi utvrditi njihov identitet, to se može učiniti kako je prethodno bilo navedeno u poglavlju o evaluaciji web stranica.

Nakon što je provjerena domena, nužno je provjeriti kontakt podatke. Naime, njihovo nepostojanje ili postojanje samo elektroničke adrese znak je da se treba posebna pozornost obratiti točnosti informacija na tome blogu. Obveza je novinara svaku informaciju s bloga provjeriti s osobom koja je njezin autor, a treba provjeriti i njezinu vjerodostojnost.

Također, sadržaj puno govori o točnosti podataka. Treba također pripaziti na gramatiku, pravopis i grafičko oblikovanje. Sadržaj koji ima previše gramatičkih i pravopisnih pogrešaka, te koristi više fontova i previše boja, vrlo vjerojatno nije točan. Vrlo je važno obratiti pozornost na kontekst i stil pisanja.

Slično kao kod web stranica, dokumentiranost je važna kategorija vjerodostojnosti blogova. Naime, upotreba poveznica radi pozivanja na izvor informacija dio je pisanja blogova. Nužno je pregledati na koje se izvore autor poziva preko poveznica, a ako se poziva na izvore, jesu li oni vjerodostojni. Također je bitno provjeriti jesu li informacije iz drugih izvora izmijenjene ili izvađene iz konteksta, jesu li objavljena dopuštenja ili informacije o zaštiti autorskih prava i postoje li poveznice na druge blogove koji se bave tom temom.

11.3. TWITTER I MIKROBLOGIRANJE

Twitter (www.twitter.com) je internetski alat koji omogućava mikrobloging, odnosno objavu postova o tome što trenutno radite s ne više od 140 znakova. U osnovi, omogućava komunikaciju s osobama koje poznajete i koje prate (čitaju) vas twitter profil.

Vrlo je teško dati definiciju twittera, ali možemo reći kako se radi o novom obliku online komunikacije, koja omogućava da se komunikacija jedne osobe odvija asinkrono s više različitih osoba (profila). Svaka osoba koja otvori Twitter račun može objavljivati postove, pratiti što se događa s drugim ljudima i čitati tuđe postove. Također, korisnici mogu razmjenjivati poveznice koje vode na zanimljiv sadržaj koji se može pronaći online.

Prednost Twittera jest što se može vrlo lako integrirati s mobitelima treće generacije (IPhone I sl.), zbog čega nije neophodno biti blizu računala kako bi se čitali tuđi postovi ili objavljivali svoji.

Da bi otvorili Twitter račun neophodno je ispuniti formular osobnim podacima (https://twitter.com/signup) i potražiti osobe ili institucije čije Twitter profile želite pratiti.

11.3.1. TWITTER KAO NOVINARSKI IZVOR

Kako navodi Marshall Kirkpatrick[43], Twitter se u novinarstvu može koristiti za otkrivanje (praćenje) udarnih događaja, intervjuiranje, osiguranje kvalitete u novinarstvu i promociju vlastitog proizvoda (aktivnosti). Za potrebe ove knjige interesantne su prve dvije opcije.

Zbog jednostavnosti upotrebe, ljudi diljem svijeta objavljuju veliki broj informacija o tome što im se događa, pa tako i informacije o nesrećama, političkim događajima ili udarnim vijestima. Pretraga takvih vijesti može se lako napraviti na početnoj stranici Twittera ili na stranici za pretraživanje (http://search.twitter.com/) . Radi se o jednostavnoj pretrazi putem ključnih rijeci (pojmova). Twitter je odličan alat jer je moguće pretražiti sve postove koji su objavljeni u sklopu servisa.

Napredno pretraživanje (http://search.twitter.com/advanced) omogućava pretragu na temelju ključnih riječi, naziva autora, mjesta, datuma, stava i drugih kriterija.

Upotreba Twittera za intervjuiranje ustvari ne označava novi alat kojim bi se intervjui mogli provoditi, već novi način kako bi od svojih pratitelja dobili ideje za intervjuiranje ili jednostavno našli primarni

[43] Kirkpatrick, M. How We Use Twitter for Journalism. 25. travnja 2008. URL: http://www.readwriteweb.com/archives/twitter_for_journalists.php (15.10.2009)

izvor (osobu - svjedoka). Dakle, u jednom postu postavi se zahtjev za ideje oko pitanja ili oko potencijalnog izvora, nakon čega druge osobe daju prijedloge ili se jave za razgovor.

Twitter također ima

11.3.2. PROVJERA TOČNOSTI TWITTER POSTA

Craig Kanalley[44] navodi osnovnu proceduru kako utvrditi točnost posta na Twitteru. Kao prvo, neophodno je pričekati da se pojavi veći broj postova na istu temu. Nakon što se identificira tema, neophodno je utvrditi postoje li postovi koje govore o istom događaju, ali sa sličnim ključnim riječima, dakle postoji li kontekst priče.

Nakon toga je neophodno utvrditi tko je izvor priče. Radi li se o novinaru, osobi s ulice ili nekom tko se šali? Ako je osoba prethodno redovito objavljivala postove na Twitteru, veća je šansa da se ne radi o prijevari. Nadalje, neophodno je osobu potražiti na Google tražilici i vidjeli je li nešto objavljivala na blogu i koji joj je životopis. Tek kada se izvrši provjera, može se krenuti s direktnom komunikacijom.

Ako je autor posta spreman javno svjedočiti o događaju, tada možemo koristiti njegove postove i eventualne druge informacije dobivene u direktnoj komunikaciji.

11.4. LITERATURA I DALJNJE ČITANJE

1. Brautovic. M. Blogovi kao novinarski izvori. Medianali 2(2007), 129-138.
2. Friend. C. Singer. J.B. Online journalism Ethics: Tradition and Transition. M. E. Sharpe. New York, 2007.
3. Holtz. S. Demopoulos. T. Bloging for Business. Kaplan Publishing. Chicago, 2006.

[44] Kanalley, C. How to verify a tweet. 25. Lipnja 2009. URL: http://www.twitterjournalism.com/2009/06/25/how-to-verify-a-tweet/ (15.10.2009.)

4. Quinn. S. Lamble. S. Online Newsgathering: Research and Reporting for Journalism. Focal Press. Burlington, 2007.
5. Kirkpatrick, M. How We Use Twitter for Journalism. 25. travnja 2008. URL: http://www.readwriteweb.com/archives/twitter_for_journalists.php (15.10.2009)
6. Kanalley, C. How to verify a tweet. 25. Lipnja 2009. URL: http://www.twitterjournalism.com/2009/06/25/how-to-verify-a-tweet/ (15.10.2009.)

11.5. STUDIJA SLUČAJA

Početkom svibnja 2006. godine mediji su pokušali rasvijetliti ulogu Siniše Poljaka, bliskog suradnika i prijatelja tadašnjeg premijera Ive Sanadera, u vise korupcijskih afera u državnim poduzećima, gdje je on kao predstavnik Vlade RH bio član Nadzornih odbora. Nakon više kaznenih prijava, Vlada ga je smijenila. No, tada kreće medijsko rasvjetljavanje korupcijskih priča, pogotovo afere u Brodosplitu[45].

Naime, Brodosplit je početkom 2006. godine uplatio na račun jedne ciparske tvrtke četiri milijuna eura, koji su zatim promptno prebačeni na bankovni račun u Austriji. S tog računa, za koji je punomoć imao hrvatski državljanin Drago Maček, novac je prebačen u Hrvatsku. Nakon sumnjive transakcije, austrijski je Interpol prijavio cijeli slučaj Hrvatskoj, ali hrvatska policija nije poduzimala ništa dok priča nije dospjela u medije. Iako su Austrijanci dali detaljnu dokumentaciju, nije bila jasna situacija tko je i kako odobrio transfer novca. Mediji su spekulirali kako su prijenos novca, u suprotnosti sa stavovima dijela članova Nadzornog odbora, odobrili potpredsjednik i predsjednik NO-a Brodosplita, već spomenuti Poljak i tadašnji ministar gospodarstva Branko Vukelić.

[45] Bakotic, N. Plisic, A. Sanaderova prijatelja Poljaka smjenjuju i u Brodosplitu. 3.5.2006.

URL: www.jutarnji.hr/sanaderova-prijatelja-poljaka-smjenjuju-i-u-brodosplitu/147630/ (27.10.2009.)

Cijela transakcija je proizašla iz ugovora o izgradnji četiri nova tankera, koje je glavni direktor Brodosplita Goran Vukasović potpisao 15. srpnja 2005. godine s tvrtkom Vessels. Nadzorni odbor je 21. srpnja odobrio potpisane ugovore, iako su njegovi članovi znali za povoljniju ponudu švedske tvrtke Marinvest iz Goteborga, koja je za iste tankere ponudila milijun dolara više po brodu. Za svaki tanker dogovorena je cijena od 51,5 milijuna dolara, a uz temeljni ugovor potpisana su i dva sumnjiva pobočna pisma, kojima je cijena izrade svakog tankera sa 51,5 milijuna dolara po brodu smanjena na 50 milijuna dolara po brodu. Prema Pobočnom pismu, 1,5 milijuna dolara po tankeru vraća se kupcu[46].

U rujnu 2006. godine jedan od najpoznatijih hrvatskih političkih blogera cnn.blog.hr objavio je dva posta u kojima su bili skenirani zapisnici sa sjednice Nadzornog odbora tvrtke Brodosplit iz koji je vidljivo "da su ministar Branko Vukelić i tadašnji premijer Ivo Sanader lagali hrvatsku javnost kad su govorili da nisu znali da se radi o nepravilnostima u toj tvrtci. U zapisniku se vidi kako je Predrag Čudina (savjetnik NO) jasno stavio do znanja da ugovori nisu dobro napravljeni, da cijene nisu realne i da sadrži stavke neuobičajene za takve ugovore, kao što su pobočna pisma kojima Brodosplit vraća novce kupcu po isporuci brodova"[47]. Također, slijedeći dan isti je bloger objavio i podatke o vlasniku računa na koji je prebačeno 4 milijuna dolara[48]. Objavljivanjem tih zapisnika dokazana je krivnja Poljaka i Vukelića, ali i prikazana uloga blogera kao potencijalno dobrih novinarskih izvora koje novinari moraju nadzirati radi potencijalnih novinarskih priča.

---

[46] B.I. Afera Brodosplit: Kaznena prijava ministru Vukeliću i Siniši Poljaku? 21.9.2009. URL: http://www.index.hr/vijesti/clanak.aspx?id=327831. (27.10.2009.)

[47] cnn.blog.hr. cnn.blog.hr posjeduje dokaz da je Branko Vukelić bio upoznat s kriminalnim radnjama u Brodosplitu. 25.9.2006. URL: http://cnn.blog.hr/2006/09/index.html. (27.10.2009.)

[48] cnn.blog.hr. Put novca iz afere Brodosplit. 25.9.2006. URL: http://cnn.blog.hr/2006/09/index.html. (27.10.2009.)

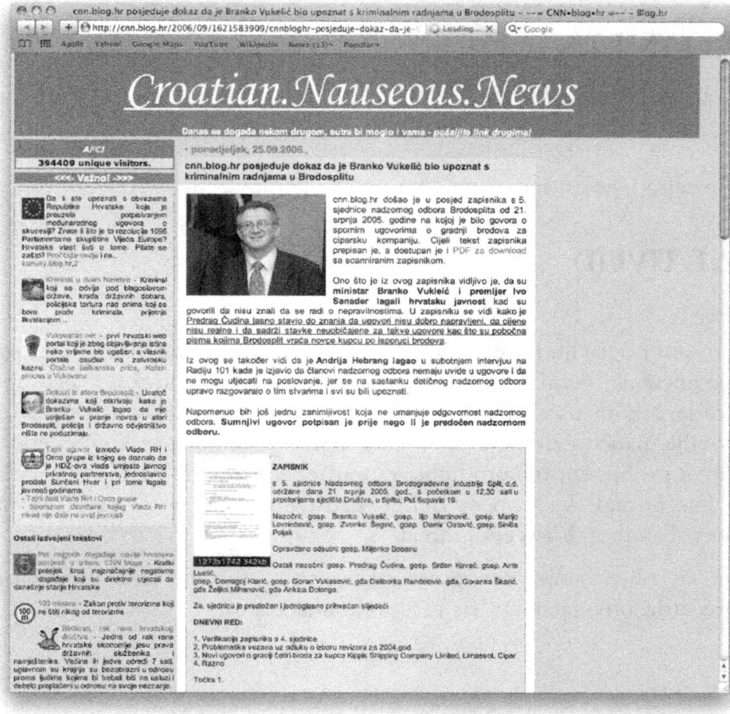

Slika 50 - Hrvatski bloger cnn.blog.hr

12. ONLINE DRUŠTVENE MREŽE, NEWSGRUPE I FORUMI

Napisano u koautorstvu sa Goranom Cvjetinovićem

12.1. UVOD

U ovom poglavlju bit će riječi o online društvenim mrežama, odnosno zajednicama. Naučit ćete pretraživati društvene mreže i pristupati profilima korisnika, kako bi ste ih mogli koristiti kao novinarske izvore. Nadalje, naučit ćete koji su im nedostaci i prednosti, te koji su etički i pravni problemi prilikom njihove upotrebe. Posebna pažnja posvećena je Facebooku, kao općoj online društvenoj mreži i LinkdInu, kao specijaliziranoj društvenoj mreži.

Bit će objašnjenje newsgrupe, listservs i forumi kao potencijalni agregatori novinarskih ideja i izvori kontakata.

12.2. ONLINE DRUŠTVENE MREŽE

Online društvene mreže okupljaju na stotine milijuna ljudi i, osim sto služe za objavljivanja popularnog i zabavnog sadržaja, profesionalno udruživanje, politički aktivizam..., sve se vise koriste i kao izvori u novinarstvu. Najpoznatije, i za novinare najkorisnije, su društvene mreže Facebook (www.facebook.com) i LinkedIn (www.linkedin.com).

Online društvene mreže u novinarstvu se mogu koristiti za pronalaženje kontakata, stručnjaka, komunikaciju s izvorom, te pronalaženje novinarskih ideja.

Facebook je jedna od najvećih online društvenih mreža koja ima preko 600 milijuna korisnika i 45 milijuna grupa, a čak 2 milijarde fotografija se mjesečno postavi na mreže. Orijentirana je prema mladim ljudima, iako su danas na njoj zastupljeni ljudi različitih dobnih skupina.

Pretraživanje online društvenih mreža radi pronalaska neke osobe je vrlo jednostavno. Ako pretražujete neku osobu na Google, u slučaju da ta osoba ima profil na Facebooku, njezin profil bit će prikazan u rezultatima Google pretraživanja. Drugi način je da na početnoj Facebook stranici upišete ime i prezime osobe i pretražite je li na društvenoj mreži. Oisno kakav je status vlasnik profila postavio (profil vidljiv svima ili profil vidljiv samo prijateljima), moći ćete pristupiti sadržaju profila. Kada je profil vidljiv samo prijateljima, netko tko nema status prijatelja moći će vidjeti samo fotografiju osobe i popis njegovih prijatelja. U drugom slučaju, imat će pristup cjelokupnom sadržaju profila. Novinar može od vlasnika profila zatražiti pristup, podnoseći zahtjev u obliku prijateljstva.

Osim profila, za novinare su interesantne različite grupe koje su otvorene na određene teme. Svjedoci smo velikog broja novinarskih članaka o grupama koje su pokrenute radi davanja podrške ili iskazivanja nezadovoljstva nekom političkom odlukom ili političarem. Međutim, i kod grupa postoje dva statusa o kojima ovisi pristup grupama. Administrator grupe, nakon podnošenja zahtjeva, daje mogućnost pristupa, ako se radi o zatvorenoj grupi. Ako nije riječ o zatvorenoj grupi, tada se može slobodno pristupiti sadržaju. U svakom slučaju, grupe su dobar izvor novinarskih ideja.

Za razliku od Facebooka, Linkin okuplja profesionalce, tako da je dobar izvor podataka o stručnjacima. Moguće ga je pretraživat, ali da bi se pristupilo sadržaju, potrebno je otvoriti vlastiti profil. Bez profila moguće je pristupiti samo osnovnim profil informacijama. Pretraživanje je, osim putem tražilice, moguće obaviti kroz direktorije po prvom slovu prezimena.

LinkedIn je manja online društvena mreža, koja okuplja oko 45 milijuna korisnika, ali je zbog svije osnovne naravi novinarski veoma korisna.

Treba napomenuti da u Hrvatskoj postoji online društvena mreža Trosjed (http://trosjed.net.hr/).

12.2.1. ETIČKI I LEGALNI PROBLEMI

Etički problemi upotrebe online društvenih mreža u novinarstvu su vezani uz autentičnost izvora, odnos između novinara i izvora informacija, odnos novinara I njegovog privatnog i javnog života, te uz upotrebu podataka i fotografija s Facebookprofila.

Autentičnost izvora veliki je problem s kojim se novinari susreću i to zbog činjenice da je vjerodostojnost podataka objavljenih na online društvenoj mreži u najmanju ruku upitna, jer takav izvor vrlo teško prolazi kroz testove evaluacije I provjere. No, takvi su testovi neophodni iz najmanje dva razloga. Prvo, postoji mogućnost korištenja lažnog identiteta, te, drugo, ono što je objavljeno na Facebook profilu ne znači da je namijenjeno širokoj javnosti. Tako na Facebooku, primjerice, postoji nekoliko profila predsjednika Stjepana Mesića, ali i donedavnog premijera Iva Sanadera, što svakako ukazuje na nepouzdanost izvora, te nemogućnost da se u potpunosti provjeri tko je osoba koja „stoji" iza određenog profila na online društvenoj mreži.

Kako bi se prišlo sadržaju neke društvene mreže ili pojedinaca na njoj, potrebno je poslati zahtjev za prijateljstvom. Nakon što od upitane osobe dođe potvrda, tražitelj ima pristup njegovom profilu. Način komunikacije s prijateljima ili potencijalnim izvorima za priču u ovom se slučaju ne razlikuje, pa se postavlja pitanje može li novinar biti prijatelj. Naime, podaci do kojih može doći preko online društvene mreže ili nekog od profila mogu zaintrigirati njegovu novinarsku "žicu", pa lako dođe u sukob interesa, te se od prijatelja pretvori u novinarskog predatora.

Druga mogućnost dolaženja do podataka, a koji nije u skladu s etičkim principima, jest i lažno predstavljanje. Novinar tako može postaviti svoj lažni profil ili se lažno predstavljati u komunikaciji i na taj način dobivene informacije objaviti u svom mediju. Jedan od primjera zloporabe podataka s Facebook profila jest i slučaj mlade SDP-ovke Ive Prpić, kandidatkinje u 1. izbornoj jedinici na parlamentarnim izborima 2007. godine. Ona je na Facebook prenijela sadržaj bloga u kojemu se govorilo o 25 razloga zbog kojih ne treba glasati za HDZ. Među ostalim razlozima, novinari su najviše istaknuli razlog pod kojim se navodi da je tadašnji predsjednik Sabora Vladimir Šeks - alkoholičar.

Dakako, podaci s ovog profila završili su u medijima i to isključivo kroz prizmu prikazivanja "napada" SDP-ovke na Šeksa. Upravo takvi stavovi, podaci ili mišljenja jedno su od etičkih pitanja i dilema.

Poseban etički problem je i „krađa“ fotografija. U pravilu se radi o fotografijama žrtava zločina ili osoba osumnjičenih za kakvo nedjelo. Iako se novinarima i njihovim urednicima često ne čini da ima išta sporno u preuzimanju fotografija s Facebooka, činjenica je da je krađa fotografije s profila jednaka provali u nečiju kuću.Odobrenje za korištenje fotografija s profila na Facebooku mora se dobiti od samog Facebooka ili osobe o čijim se fotografijama radi. Ipak, takav način rada je standardna praksa kojom se, među ostalim, krše i autorska prava.

12.2.2. KAKO KORISTITI DRUŠTVENE MREŽE

Ne postoji standardna procedura koja bi regulirala na koji način bi novinari trebali postupati u slučaju korištenja Facebooka kao izvora. No, svakako je neophodno provjeriti je li osoba na profilu doista ta osoba u stvarnom životu, te odobrava li javnu objavu stavova izraženih na Facebook profilu. Radi očuvanja svog kredibiliteta, novinari ne bi smjeli biti Facebook prijatelji političara, odnosno drugih osoba čiji „život“ prate u novinarskom smislu. Zbog toga bi trebali imati dva profila - jedan za privatne i drugi za poslovne svrhe, mada ni to nije definitivno rješenje problema, budući je ipak riječ o jednoj osobi.

U svakom slučaju, novinari se uvijek moraju identificirati kao takvi, kako ne bi osobe s kojima komuniciraju doveli u zabludu.

Praktične upute za korištenje Facebooka moguće je pronaći na: www.facebook.com/help.php?ref=pf.

12.3. NEWSGRUPE

Predstavljaju virtualna mjesta (oglasne ploče) gdje korisnici, putem e-maila, šalju poruke (objavljuju ili postaju) drugim korisnicima. U pravilu, drugi korisnici odgovaraju na njih svojim komentarima, čime newsgrupe ustvari predstavljaju mjesta za asinkronu (ne odvija se u realnom vremenu) diskusiju. Da bi korisnici mogli pristupiti sadržaju, trebaju koristiti neki od softvera za čitanje e-maila, odnosno Newsgrupa . Alati za pregledavanje su Microsoft Outlook Express, News Express, Agent i drugi. Upute o korištenju Newsgrupa moguće je pronaći na: www.carnet.hr/news/o_usluzi.

Jedan od glavnih nedostataka newsgrupa kao novinarskih izvora jest činjenica da svatko može objaviti poruku na newsgrupi. Također, to je moguće napraviti pod pseudonimom ili anonimno. Tako da je neophodno provjeriti i s izvorom potvrditi eventualni podataka ili informaciju koju ste pronašli.

Veliki broj newsgrupa smješteno je na USENET sustavu (ime dolazi iz USEr NETwork - www.usenet.com). Sastoji se od više od 50 tisuća raspravnih skupina ili newsgrupa, te pokriva veliki broj tema. Drugi sustavi su groups.google.com i groups.yahoo.com. Samo na Googleu postoji više od 2000 grupa iz Hrvatske.

USNET se sastoji od 8 osnovnih grupa:

1. comp - računala, informatika
2. humanities - humanistička znanost, umjetnost i kultura
3. misc - različita područja
4. news - tematika USENET grupa
5. rec - rekreacija
6. sci - znanost i tehnologija
7. soc - socijalne i kulturne teme
8. talk - diskusije, rasprave

Svaka od tih grupa ima dodatne podjele:

- alt - različite, ponekad nesvakidašnje teme
- bionet - biologija
- bit - ostaci nekadašnje bitnet mreže
- gnu - teme vezane za GNU Free Software Foundation
- hr - teme vezane za Hrvatsku

Alt su najčešće i predstavljaju najspecijaliziranija područja.

Da bi se moglo pristupiti newsgrupama, potrebno je imati neki od email računa na serverima T-com.hr ili Carnet.hr (news.carnet.hr).

U novinarstvu newsgrupe mogu biti dobar izvor informacija o temama kao što su računala, znanost, automobili i dr. Danas se sve manje koriste, ali još uvijek su prisutne kod visoko specijaliziranih osoba.

12.4. LISTSERVS (DISTRIBUCIJSKE LISTE)

Slično kao newsgrupe, distribucijske liste temeljene su na e-mailu i omogućuju korisnicima da međusobno komuniciraju e-mailom. Kad jedna osoba pošalje mail na listservs, sve osobe koje imaju e-mail uključen na listservs će dobiti tu poruku. Iako je listserv samo naziv jedne od grupa, ustalio se je kao naziv cjelokupnog servisa.

Jednako kao kod newsgrupa, novinar koji je preplaćen na njih može dobiti ideje za novinarske teme te zatražiti od korisnika da mu pomognu u obradi neke teme. Postoji veliki broj listservs grupa koje objašnjavaju novinarsku tematiku i mogu se pronaći na: http://reporter.asu.edu/listserv.htm.

12.5. PRETRAŽIVANJE NEWSGRUPA I LISTSERVS

Postoji nekoliko internetskih servisa koji omogućavaju pretragu newsgrupa. Na prvom je mjestu tražilica Google, a zatim slijedi Yahoo. Nedostatak Yahooa je što je više fokusiran na grupe koje su otvorene u sklopu njegovog servisa, nego na druge servise.

Google (http://groups.google.com/) ima specijaliziranu tražilicu koja omogućava pretragu newsgrupa. Pretraživanje se može obaviti listanjem direktorija newsgrupa ili pretragom putem ključnih riječi. Pretraga putem ključnih riječi ima dva oblika: jednostavni i napredni.

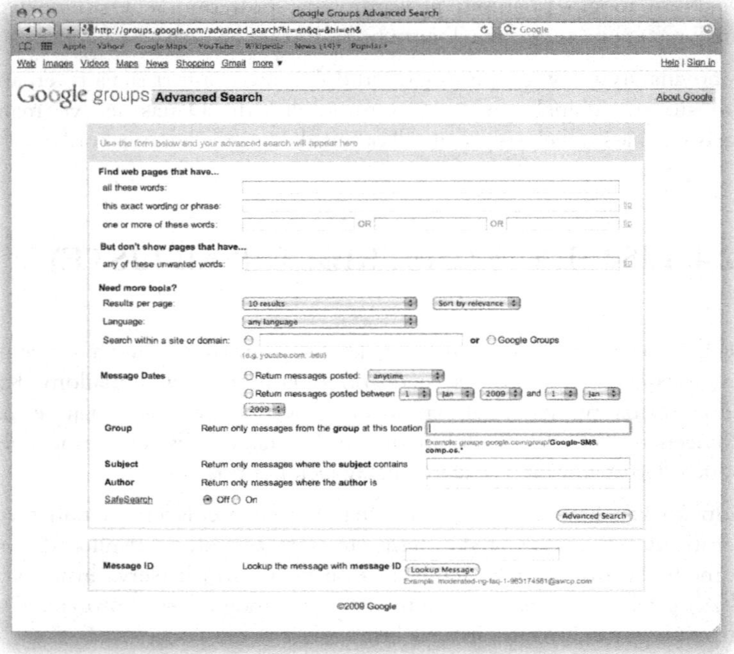

Slika 51 – Google pretraga newsgrupa

Napredna pretraga omogućuje pretraživanje putem:

- ključnih riječi
- jeziku grupe
- vremenu kada je poruka poslana
- grupi o kojoj je riječ
- temi
- autoru
- šifri poruke.

Glavna prednost Googlea nad drugim tražilicama jest u činjenici da su preuzeli servis Deja koji je do 2001. godine prikupilo više od 800 milijuna poruka koje datiraju do 1981. godine.

Za pretraživanje listservsa moguće je koristiti L-coft.com (www.lsoft.com/lists/listref.html). Ovaj pretrazivač omogućava pretragu vise od 54 tisuće lista prema ključnim riječima, državi i broju korisnika.

Jedan od boljih alata koji omogućava pretraživanje arhive distribucijskih lista je www.mail-archive.com. Omogućava jednostavnu pretragu svih e-mail poruka za distribucijske liste koje su registrirane u sustav. Moguće je pretražiti više od 70 milijuna e-mail poruka, sa više od 6000 listservsa.

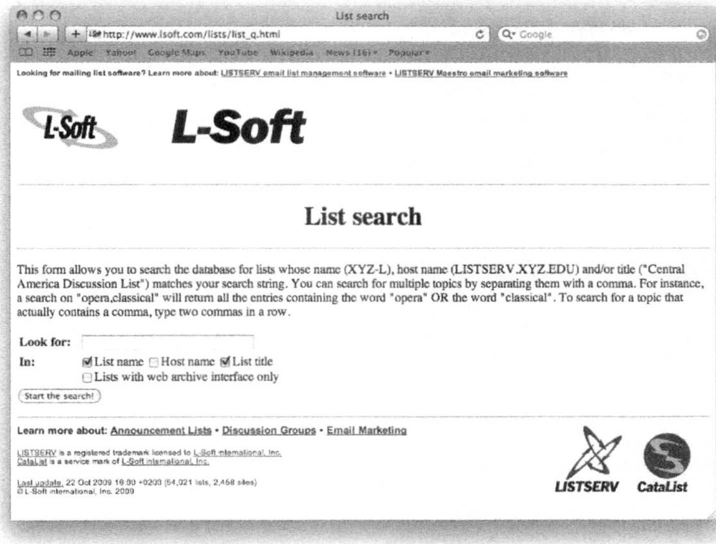

Slika 52 - Pretraga listserv

12.6. FORUMI

Forumi predstavljaju još jedno mjesto gdje osobe na Internetu raspravljaju o različitim temama, čime predstavlja još jedno potencijalno mjesto za pronalazak ideja za novinarske priče. Temelj rada je sličan oglasnoj ploči na kojoj svatko tko je registriran (u nekim slučajevima može biti i anonimno) može objaviti poruku koju želi. U pravilu ih uređuju administratori.

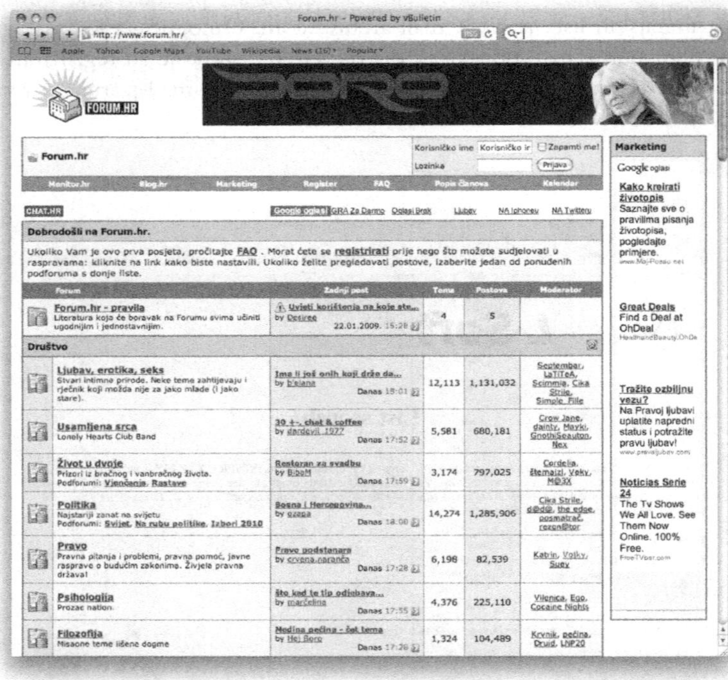

Slika 53 - Početna stranica Forum.hr

U Hrvatskoj su najpopularniji www.forum.hr i www.index.hr/forum/. Forum.hr ima 140 tisuća registriranih članova i podijeljen je u slijedeće kategorije:

- Društvo
- Kultura i zabava
- Lifestyle
- Sport
- Informacijska tehnologija

- Razno

Za novinare su vrlo zanimljive rasprave koje se odvijaju pod kategorijom društvo. Nažalost, sustav ne omogućava pretragu, odnosno, moguće ga je pretraživati samo putem Googlea ili neke druge tražilice.

U slučaju www.index.hr/forum, osim diskusija, sustav sadrži i komentare članaka koji su objavljeni na online mediju Index.hr. Registrirano je 490 tisuća članova, mada je upitan broj aktivnih. Također ga nije moguće pretraživati, već je potrebno koristiti Google.

Forumi postoje i na Tportalu i Net.hr, a za njihovo korištenje neophodno je imati njihove e-mail račune.

12.7. LITERATURA I DALJNJE ČITANJE

1. Brautovic. M. Cvjetinovic. G. Etički aspekti upotrebe online društvenih mreža – Facebook: Studija slučaja Britt Lapthorne. Medijski dijalozi. 2 (2008) ; 87-94
2. Friend. C. Singer. J.B. Online journalism Ethics: Tradition and Transition. M. E. Sharpe. New York, 2007.
3. Holtz. S. Demopoulos. T. Bloging for Business. Kaplan Publishing. Chicago, 2006.
4. Quinn. S. Lamble. S. Online Newsgathering: Research and Reporting for Journalism. Focal Press. Burlington, 2007.

12.8. STUDIJA SLUČAJA

Slučaj Britt Lapthorne, 21 godišnje Australke koja je posljednji put živa viđena kako u jutarnjim satima 18. rujna 2008. godine s nekolicinom prijatelja odlazi iz diskokluba "Fuego" na Pilama u Dubrovniku, također je imao svoj dio i na Facebooku. Djevojka, koja je putovala po svijetu kao "backpaker", s ruksakom na leđima, nije izazvala pozornost policije i javnosti u vrijeme kad je nestala, pa se na početak medijskog izvještavanja čekalo sve do 25. rujna. Dubrovačka policija nije poduzela nikakve konkretne korake nakon što je 19. rujna prijavljen njen nestanak, pa je medije, a time i javnost, o slučaju obavijestila tek 25. rujna ili osam dana od nestanka mlade B. Lapthorne i to tek nakon što je otac nestale, Dale Lapthorne, alarmirao australsku javnost i medije.

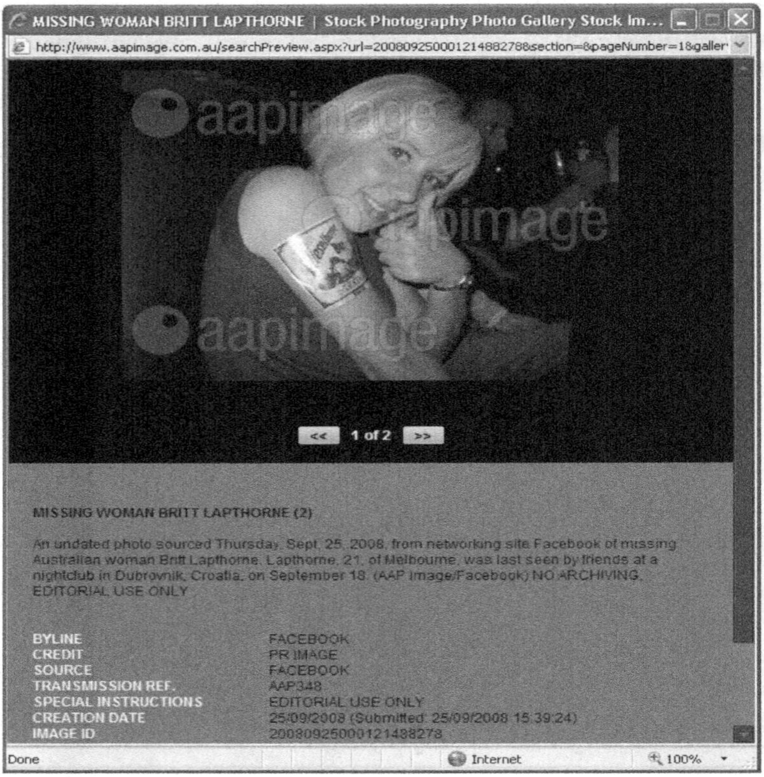

Slika 54 - APA prodaje fotografije ukradene s Facebooka

Tako su priču o Brittinom nestanku zapravo "otkrili" australski mediji poput Herald Suna, The Australiana i The Agea. I upravo su ti mediji počeli sa zloporabom podataka s Facebooka na kojemu je Britt Lapthorne imala profil, kao i niz njenih poznanika i kolega. Fotografije nestale Britt su uzete s Facebooka, ali i podaci o njenom kretanju nekoliko dana i tjedana uoči nestanka. Prijateljica nestale Tara Reynolds na Facebooku je pokrenula i grupu "Missing person: Britt Lapthorne!!!!", kojoj se priključilo nekoliko tisuća osoba.

Novinari su podatke s Facebooka u slučaju Britt koristili kako bi došli do kontakata roditelja i prijatelja, kako bi se koristili citatima s profila uključenih u potragu ili posebno organizirane grupe, kako bi rekonstruirali događaje putem podataka dobivenih iz istih izvora, kako bi koristili fotografije s profila nestale, te kako bi izvještavali o promjenama u grupi za traženje Britt.

Upravo su se podaci dobiveni na ovaj način pokazali etički upitnima, jer su uzeti bez provjere, te su navodili čitatelje na krive zaključke i tragove. Fotografije B. Lapthorne, koje su prvi objavili australski mediji, redom su bile s Facebooka, a neke od njih su čak nuđene na prodaju od strane australskih novinskih agencija. No, kako se na profilima Facebooka uglavnom postavljaju "ležernije" fotografije, tako je bio slučaj i s Britt. Problem je bio u tome što je Britt na većini fotografija snimljena kako konzumira pivo ili vino ili barem na ramenu ima zalijepljenu neku od etiketa piva. To je stvorilo dojam da se radi o alkoholu sklonoj djevojci, pa su počele kružiti i razne priče, a koje su redom, vezano čak i za promiskuitet Britt, prenesene u medijima.

Do medija su došle i dvije fotografije, koje su predstavljene kao njene posljednje za života, a koje je anonimna osoba, potpisana kao "crveni leon" poslala elektroničkom poštom tvrdeći kako je djevojku ubio poljski student. Mediji su prenijeli ovu ničim dokazanu tvrdnju, pa se poljski student, koji se susretao s Britt u Dubrovniku, našao u velikim problemima. Dakle, podaci korišteni s profila Facebooka pokazali su se netočnima, nepouzdanima, a fotografije su navodile na krive zaključke o žrtvi ovog slučaja.

Zanimljivo je da niti jedan medij, kao ni novinarska udruženja, nisu obraćali pozornost na autorska prava vezana za korištenje podataka i fotografija s Facebooka.

Inače, tijelo Britt Lapthorne isplutalo je 6. listopada pored obližnjeg kupališta Danče, a do danas nije otkriven način na koji je nesretna djevojka stradala.

13. ONLINE MEDIJI I SERVISI ZA DOSTAVU PRIOPĆENJA

Napisano u koautorstvu sa Ivicom Miloslavićem

13.1. UVOD

U ovom poglavlju naučit ćete kako se koristiti online medijima kao izvorima sekundarnih informacija, jer u Hrvatskoj ne postoje online baze koje omogućuju pristup takvom sadržaju. Bit će prikazani najbolji primjeri online medija i načini njihova pretraživanja, te objašnjeno korištenje Google tražilice za njihovo pretraživanje. S obzirom da su arhivi online medija ograničeni, prikazana će biti i arhiva NSK sa sadržajem online medija, te načini njena pretraživanja.

Posebna pažnja bit će posvećena stvaranju vlastite arhive upotrebom RSSa, te upotreba agregatora Naslovnica.info. Također, bit će objašnjeni i servisi za dostavu priopćenja te načini njihova korištenja.

13.2. ONLINE BAZE SEKUNDARNIH PODATAKA

U Hrvatskoj danas ne postoje komercijalne (online) baze (poput američkog NexisLexis, Dialog ili Factive) koje sadrže digitalizirani medijski sadržaj, odnosno digitalizirani sadržaj iz sekundarnih izvora. Izuzetak je bivši Vjesnikov arhiv (danas u sastavu HINA-e) kojem se može pristupiti isključivo fizičkim odlaskom u prostorije tog arhiva ili podnošenjem pismenog zahtjeva, te prolaskom kroz cjelokupnu birokratsku proceduru koja oduzima dragocjeno vrijeme[49] . Iako je praksa da se u zapadno europskim i američkim medijima vode posebni

---

49 HINA. Informacijsko dokumentacijski centar. URL: http://websrv2.hina.hr/hina/web/view.action?view=idc. (11. rujna 2009.)

arhivi u kojima se pohranjuju primarno medijski sadržaji o pojedinim temama, kod nas to, osim u slučaju Vjesnika, nije bila praksa.

Kao potencijalna alternativa nude se internetska izdanja medija koje hrvatski novinari mogu koristiti kao sekundarne izvore. Gotovo svi klasični mediji imaju svoja online izdanja, a ovisno od izdavačkih strategija, na Internetu se objavljuju potpuni, prošireni ili djelomični sadržaji klasičnih izdanja. Prednost internetskih izdanja je i njihovo 24/7 ažuriranje, zbog čega pojedini mediji na Internetu objavljuju više sadržaja nego što je to slučaj sa njihovi klasičnim izdanjem.

«Internetski izvori novosti omogućuju pronalaženje eksperata, učenje o medicinskim problemima, lociranje osoba ili pronalaženje pozadinskih informacija o pojedinoj temi. Bez obzira pratite li izbore, provjeravate li političku situaciju na Bliskom Istoku, tražite li informacije o sastanku školskog odbora ili tražite vremensku prognozu za grad koji namjeravate posjetiti, sve te informacije mogu se pronaći u online medijima»[50].

Nora M. Paul sa Poynter Instituta ističe kako novinske i televizijske kuće omogućuju pristup velikom broju priloga s dnevnih događaja. Osim tekstualnih sadržaja, takvi mediji na svojim online izdanjima objavljuju i sve veći broj multimedijalnih i interaktivnih sadržaja. S druge strane, web stranice magazina i tjednika su, u pravilu, promotivne naravi[51], što je i hrvatski slučaj.

13.3. ONLINE IZDANJA KAO BAZE SEKUNDARNIH PODATAKA

Od hrvatskih medija online izdanja, a ujedno i pretražive online baze sekundarnih informacija, imaju slijedeći mediji:

50 Schlein. A.M. Find it Online: The Complite Guide to Online Research. 4 ed. Tempe : Facts on Demand Press, 2004. Str. 275.

51 Paul. N.M. Computer Assisted Research: A Gudie to Tapping Online Information. 4 ed. St. Petersburg : Poynter, 1999.

1. Večernji list
2. Jutarnji list
3. Novi list
4. Slobodna Dalmacija
5. Vjesnik
6. Glas Slavonije
7. Glas Istre
8. Zadarski list
9. Dubrovački vjesnik
10. Dubrovački list

Ovom popisu treba pridodati i isključivo online izdanja: Index.hr, Javno.com, Tportal.hr i Dnevnik.hr.

Večernji list (www.vecernji.hr)

Večernji list ima najopširniju i najuređeniju bazu podataka među hrvatskim dnevnim listovima. Odmah pored logotipa, dakle na vidljivom mjestu, postavljena je tražilica s poljem za upisivanje pojma. U sklopu polja je mala ikona u obliku povećala, koja vodi u detaljniju pretragu po bazi.

Na prilično jednostavan način su ponuđena četiri kriterija za pretragu, uz već spomenuto polje za upisivanje traženog pojma. Prvi kriterij je vezan za vremenski period koji će biti uključen u pretragu. Postavlja se početni i završni datum, ali ne može se ići daleko u prošlost jer je arhiva ispunjena samo od 2007. godine nadalje. Drugi kriterij pretrage je po rubrikama. Rubrike su posložene po sličnom redoslijedu kao i na naslovnici web stranice. Prve četiri rubrike (novosti, sport, lifestyle i večernji.tv) su iste, dok na naslovnici slijede manje važne teme poput galerija slika ili poveznica na blogove. U pretrazi su ponuđene "konkretnije" rubrike (kulturna događanja, specijali, Zagreb).

Posebno interesantna rubrika u ovom kontekstu je večernji.tv, gdje su video isječci, interview-i ili zanimljivosti ponuđeni na više načina. Može se pretraživati kronološki prema datumu objave, ili po raznim kategorijama.

Treći kriterij pretrage je po ključnim riječima (tagovima), gdje se išlo detaljnije u teme, te je ponuđeno šezdesetak pojmova. Posljednji kriterij je pretraga po autorima tekstova. Još jedna mogućnost pretraživanja baze podataka ponuđena je odmah iznad tražilice na naslovnici web stranice. Riječ je o brzoj navigaciji. Klikom na gumb otvara se padajući izbornik koji je podijeljen u pet osnovnih kategorija, te je svaka kategorija dalje podijeljena u potkategorije (npr. kategorija sport je podijeljena u potkategorije rukomet, nogomet itd...).

Jutarnji list (www.jutarnji.hr)

Arhiva Jutarnjeg lista nije obrađena na kvalitetan način, obzirom da ne postoji pretraga po raznim kriterijima, datumima, abecedi ili bilo kojem drugom načinu koji bi potvrdio uređenje tog dijela baze podataka, već nudi jedino tražilicu u koju se upisuje traženi pojam, nakon čega se dobija nepregledni niz poveznica s tim pojmom, poredanih tek kronološki. Vremenski doseg arhiva Jutarnjeg lista je do početka 2006. godine.

Glas Slavonije (www.glas-slavonije.hr)

Na vrhu početne stranice se nalazi tražilica koja pretražuje bazu podataka Glasa Slavonije. Problem je sto se koristi Google-ovom tražilicom, te ne nudi nikakve druge mogućnosti. S druge strane, arhiva Glasa Slavonije je vrlo funkcionalna. Omogućena je pretraga po datumima (kalendar) i rubrikama koje su ponuđene i na naslovnoj strani. Arhiv seže do početka 2002. godine.

Glas Istre (www.glasistre.hr)

Glas Istre je također regionalno orijentirani list koji prednost daje lokalnim temama, pa otuda potječe škrtost u izboru tema za pretraživanje baze podataka. Postojanje baze podataka potvrđuje sortiranje vijesti po kriterijima: najčitanije, najnovije, najkomentiranije i najbolje ocijenjene vijesti. Glas Istre nema arhivu, već samo tražilicu koja ne slaže rezultate pretrage po kronološkom redu, već je prvi kriterij pripadnost vijesti rubrici.

Slobodna Dalmacija (www.slobodnadalmacija.hr)

Pretraga online izdanja Slobodne Dalmacije je prilično jednostavna te, osim upisivanja pojma pretrage, omogućuje još i postavljanje vremenskog perioda (od 17.03.2008. – datuma kad je portal počeo s radom) do aktualnog trenutka, te pretragu po rubrikama.

Za pretragu starijih vijesti može se koristiti arhiv Slobodne Dalmacije (http://arhiv.slobodnadalmacija.hr/index.asp) koji u tri koraka nudi pregled baze podataka. U prvom koraku nudi odabir godine dnevnog izdanja (od 1999. do sadašnjosti), u drugom koraku nudi odabir posebnih izdanja, a u trećem se određuju uvjeti pretrage: pojam, izdanja i rubrike. Također se može utjecati na vizualne efekte ispisa rezultata (broj rezultata po stranici i redoslijed sortiranja). Ovaj arhiv je vrlo dobar jer nam daje napise koji sežu sve do 1999. godine.

Novi list (www.novilist.hr)

Online izdanje Novog lista može se pretraživati putem jednostavne tražilice ili kroz Arhiv. Arhiv je poredan kronološki po vremenu objave vijesti, a jedini kriterij kojim se može suziti pretraga je da se odabere rubrika u kojoj je napis eventualno objavljen.

Vjesnik (www.vjesnik.hr)

Online izdanje Vjesnika može se pretraživati na dva načina: web izdanje i potpuno pdf izdanje. WWW arhivu moguće je pretraživati isključivo kroz kalendar tj. kronološki. Isti je slučaj i s PDF izdanjem. Odlično je što oba sežu do 9. listopada 1998. godine, što ih čini najstarijim hrvatskim medijskim arhivom.

Zadarski list (www.zadarskilist.hr)

Lokalni tjednik Zadarski list ima zavidno online izdanje na kojem se objavljuju vijesti u nepravilnim vremenskim razmacima. Na desnoj strani se nalazi kalendar, kojim se može pristupiti bilo kojem datumu i vidjeti koji su napisi objavljeni taj dan. Prve vijesti objavljene su u svibnju 2008. godine. Osim kalendara, ponuđena je jednostavna tražilica.

Dubrovački tjednici (www.dubrovacki.hr; www.dulist.hr)

Naslovnica Dubrovačkog vjesnika nudi na vrhu, desno od logotipa, jednostavnu tražilicu. Ispod je glavni izbornik s glavnim kategorijama, a šire teme imaju i podkategorije. Slično rješenje ima i Dubrovacki list (www.dulist.hr), za kojeg je karakteristično da koristi lokalno narječje.

Index.hr (www.index.hr)

Index nudi pretraživanje sadržaja na tri načina: kronološki, putem ključnih riječi i tagova. Arhiva seže do siječnja 2003. godine. Pretraživanje ključnim riječima omogućeno je samo u obliku jednostavne tražilice bez ograničenja polja pretrage. Također, Index.hr nudi i pretraživanje servisa MediaIndex koji sadrži članke prikupljene s online medija iz RH, BiH, Slovenije i Srbije.

Javno.com (www.javno.com)

Omogućuje pretraživanje temeljem ključnih riječi i vrste medija: tekst, fotografija ili video. Također, moguće je pretraživati unutar rubrike «Iz minute u minutu» koja sadrži sve objavljene priloge, te omogućuje pristup putem kalendara. Kategorije koje su najčešće u glavnom izborniku drugih izdanja, na Javno.com su potkategorije.

Dnevnik.hr (www.dnevnik.hr)

Pretraga se vrši putem jednostavne tražilice, a rezultati su sortirani kronološki i prema rubrici u kojoj su objavljeni. Također se nudi izbor najčitanijih, najkomentiranijih i najbolje ocjenjenih članaka, videoteka te pretraga po tagovima, od kojih su oni češće traženi ispisani većim i debljim fontom. Ovaj način pretrage je dosta rijedak na našem web prostoru.

Tportal (www.tportal.hr)

Pretraga se vrši putem jednostavne tražilice. Sadržaj je moguće pregledavati i putem kalendara po rubrikama.

13.3.1. UPOTREBA GOOGLE TRAŽILICE ZA PRETRAŽIVANJE ONLINE IZDANJA

Kao što je vidljivo iz prethodnog, većina online izdanja nema dobar način pretraživanja. Zbog toga je vrlo dobro koristi tražilicu Google za pretraživanje tih stranica. Naime, Google automatski indeksira web stranice online izdanja.

Postoje dvije mogućnosti pretraživanja upotrebom tražilice Google: jednostavna i napredna. Prva mogućnost predstavlja upisivanje ključnih riječi u tražilicu. Tako se, među ostalim rezultatima, dobiju i novinarski napisi i drugi sadržaji, objavljeni na web stranicama online medija. Problem ovakvog načina pretraživanja je princip rada Google tražilice koja nam neće dati više od dva rezultata s jedne web stranice, dakle dva napisa koja su u skladu s pretraživanim kriterijima.

Drugi način pretraživanja je upotreba napredne opcije pretraživanja Google tražilice. Ovakav način pretraživanja omogućava nam pretraživanje temeljem ključnih riječi, ali unutar određene web domene. Dakle moguće je pretraživati sadržaje koji su objavljeni i dostupni unutar web adrese (URL) pojedinog web izdanja. Nadalje, Google pretražuje ne samo ono što je korisnicima dostupno surfanjem kroz samu web stranicu online medija, već i sadržaje koji su, tražilicama u sklopu web stranice, «skriveni» od pretraživanja.

Pretraživanje se može ograničiti s obzirom na format datoteke, datum, pojavljivanje na stranici i jezik. Google također nudi i druga ograničenja, ali ih zbog naravi ovog članka nije bitno spomenuti.

13.3.2. ONLINE IZDANJA I ARHIVA U NSK

Jedan od glavnih nedostataka pretraživanja online izdanja jest njihova nestalnost. Naime, s promjenom dizajna online izdanja, u pravilu se mijenja i content managment sustav ili sistem za dinamičko održavanje web stranice ili upravljanje sadržajem, što za sobom vodi i gubitak sadržaja koji je prethodno bio arhiviran. Kako takav sadržaj ne bi bio izgubljen, Nacionalna sveučilišna knjižnica je pokrenula projekt arhiviranja sadržaja web stranica, u našem slučaju online izdanja medija, pod nazivom Digitalni arhiv hrvatskih mrežnih publikacija.

NSK, prema unaprijed određenim kriterijima, odlučuje koje će web stranice arhivirati i u kojem vremenskom rasporedu[52]. Pojedinim medijima može se pristupiti na adresi katalog.nsk.hr. Da bi se pristupilo nekom od sadržaja potrebno je upisati naziv medija u tražilicu i kao rezultat kliknuti naziv medija uz koji piše «elektronički katalog». Drugi princip je pretraživanje na adresi damp.nsk.hr gdje se mediji pretražuju po nazivu ili web adresi. Nedostatak je što se nakon odabira medija dobije njegov cjelokupni arhiv koji se može pretraživati samo kronološki tj. prema datumima arhiviranja.

Rješenje ovog problema predstavlja tražilica Google, odnosno već prethodno navedeno napredno pretraživanje. Jednostavnim

52 NSK. Kriteriji odabira obveznog primjerka mrežne građe za obradu i arhiviranje. URL: http://www.nsk.hr/DigitalLib.aspx?id=83 (11. rujna 2009.)

upisivanjem web adrese koja vodi do arhive pojedinog medija na NSK poslužiteljima u rubrici domena Google tražilice ograničit će se pretraga na samo taj sadržaj, u našem slučaju, arhivu online izdanja medija, te će se i ona moći pretraživati putem ključnih riječi.

13.4. STVARANJE VLASTITE BAZE UPOTREBOM RSSa

Novinari korištenjem RSSa mogu pratiti veliki broj izvora novosti istovremeno i to tako da specificiraju vrste novosti te, što je u našem slučaju najvažnije, na takav način mogu uspostaviti vlastitu arhivu novosti. Takvu arhivu je lakše pretraživati s obzirom na vrstu podataka, vrijeme objave i ključne riječi, jer je ograničena na, za novinara, tematski važno područje.

Naziv medija	Vrste kategorija	RSS feed
Jutarnji list	Naslovnica, Sport, Jutarnji 2, Kultura, Auto-moto, Spektakli, Dom i nekretnine, Uhvati ritam	http://www.jutarnji.hr/j2/online/clanak/art-2007,12,20,rss_iGoogle,102486.jl
Javno.com	Sve vijesti, Kronike, Svijet, Hrvatska, Zagreb, Profit, Sport, Crna, Revije, Scena, Fil i glazba, Kultura, Život, Auto, Technotrip, Moda, Trach	http://www.javno.com/rss.php
Večernji list	Općenito	http://www.vecernji.hr/index.php?cmd=show_rss&tip=novo
Glas Slavonije	Općenito	http://www.glas-slavonije.hr/rss.xml
Glas Istre	Općenito	http://www.glasistre.hr/rss/rss.xml
Zadarski list	Općenito	http://www.zadarskilist.hr/rss/home

Dubrovački list	Općenito	http:// dulist.hr/component/option,com_rss/feed,RSS2.0/no_html,1/
Dnevnik.hr	Općenito	http://rss.dnevnik.hr/index.rss
Tportal.hr	Općenito	http:// www.tportal.hr/rss/naslovnicarss.xml

Tablica 9 - Hrvatski online mediji i RSS

13.5. PRETRAŽIVANJE PUTEM AGREGATORA NASLOVNICA.INFO

Kao alternativa prethodnim novinarskim alatima nude se agregatori medijskog sadržaja. Ova vrsta internetskih medija prikuplja sadržaje s drugih medija na Internetu koji imaju ili nemaju mogućnost pretraživanja. Posebno se ističe agregator pod imenom Naslovnica (http://naslovnica.info). Ovaj agregator nam nudi mogućnost pretraživanja novinarskih napisa prema ključnim riječima, datumu objave, kategoriji i izvoru. Arhiva seže do rujna 2006. godine.

Iako su komercijalne baze mnogo bolji izbor, online mediji mogu biti alternativno rješenje besplatnog pristupa i pretrage sadržaja medija. Jedan od glavnih nedostataka je nestalnost dizajna, a samim time i arhiviranog sadržaja koji se u tom slučaju 'skida' s Interneta. Međutim,uz pomoć arhive web publikacija, koju sakuplja Nacionalna i sveučilišna knjižnica, moguće je nadići taj problem. Dobru alternativu također čini stvaranje RSS arhive ili pregled arhiva agregatorskih medija. Sve u svemu, Internet nudi nekoliko odličnih alternativnih alata za pristup i pretraživanje sekundarnih novinarskih izvora. Na novinarima je da ih nauče koristiti u praksi.

13.6. SERVISI ZA DOSTAVU PRIOPĆENJA ZA JAVNOST

Iako je ova knjiga o tome kako izbjeći službene novinarske izvore, ipak ne možemo da ne spomenemo servise za dostavu priopćenja za javnost. U Hrvatskoj funkcioniraju tri takva servisa:

1. PRESS EXPRESS (www.pressexpress.hr)
2. PRESS CENTAR (www.presscentar.hr)
3. OTIS (www.otis.hr)

Kod Press express servisa oni koji dostavljaju priopćenja dužni su se registrirati, dok oni koji ih preuzimaju ne. Postoji mogućnost korištenja RSS i jednostavnog pretražívnja arhiviranih priopćenja (njih više od 13.5 tisuća). Također, je priopćenja moguće pregledavati po datumima i po kategorijama.

U slučaju Press centra i objavitelj i primatelj je dužan registrirati se. Objavitelji su, kao i u slučaju OTISA, plaćati naknadu. Osim čitanja priopćenja Press centar omogućava i prijave za događaje te druge opcije. Osim priopćenja ovaj servis sadrži i fotografije i video.

OTIS je servis koji nudi HINA. Moguća je jednostavna pretraga i RSS. Novinari se nisu dužni registrirati.

13.7. LITERATURA I DALJNJE ČITANJE

1. HINA. Informacijsko dokumentacijski centar. URL: http://websrv2.hina.hr/hina/web/view.action?view=idc. (11. rujna 2009.)
2. NSK. Kriteriji odabira obveznog primjerka mrežne građe za obradu i arhiviranje. URL: http://www.nsk.hr/DigitalLib.aspx?id=83 (11. rujna 2009.)
3. Paul. N.M. Computer Assisted Research: A Gudie to Tapping Online Information. 4 ed. St. Petersburg : Poynter, 1999.
4. Schlein. A.M. Find it Online: The Complite Guide to Online Research. 4 ed. Tempe : Facts on Demand Press, 2004.

13.8. STUDIJA SLUČAJA

Regionalni poslovni portal SEEbiz (www.seebiz.eu) je krajem listopada 2009. godine preuzeo i u cijelosti objavilo priopćenje koje je odaslala Služba za odnose s javnošću Istraživanje Raiffeisen banke.

U priopćenju se govori o anketi o radnoj snazi koju je Državni zavod za statistiku provodio na temelju metodologije Međunarodne organizacije rada (ILO), po kojoj je stopa anketne nezaposlenosti u drugom tromjesečju iznosila je 8,90 posto, što je bilo očekivano smanjenje u odnosu na prvo tromjesečje. Nadalje, navedeni su podaci o aktivnom stanovništvu, strukturi radne snage i stopi nezaposlenosti[53]. Priopćenje je bilo dostupno na web stranici servisa za dostavu priopćenja za javnost PressCentar (www.prescentar.hr) i na web stranicama RBA. Nažalost, novinar nije dalje istražio temu i dao

---

[53] RBA. Stopa nezaposlenosti prema anketi o radnoj snazi 8,9 posto u drugom tromjesečju. 27.10.2009. URL: www.rba.hr/my/research/news_detail.jsp?news_id=20091027m (27.10.2009.)

objašnjenja za podatke koji su javnosti odaslali RBA analitičari, odnosno Služba za odnose s javnostima, u njihovo ime.

RBA : Istraživanja : Arhiva vijesti : Makroekonomija : 27. listopad 2009.

Raiffeisen BANK

Mijenjamo život i poslovanje.

Nabolje!

- stanovništvo
- tvrtke
- malo poduzetništvo i obrtnici
- o nama
- vijesti
- adresar
- tečajna lista
- IDIREKT
- Istraživanja
- English
- Raiffeisen International
- Raiffeisen grupa
- H. Stepic Humanitarna zaklada

Raiffeisenbank Austria d.d.
Petrinjska 59, 10000 Zagreb

INFO telefon: **062 62 62 62**

Stopa nezaposlenosti prema anketi o radnoj snazi 8,9 posto u drugom tromjesečju

27. listopad 2009.

Prema podacima ankete o radnoj snazi koju Državni zavod za statistiku provodi na temelju metodologije Međunarodne organizacije rada (ILO), stopa anketne nezaposlenosti u drugom tromjesečju iznosila je 8,90%, što je očekivano smanjenje u odnosu na prvo tromjesečje. Ova stopa je viša nego stopa registrirane nezaposlenosti koja je za rujan iznosila 14,7%., što se može djelomično objasniti i pokazateljem iz ankete koji kaže da čak 48,6% osoba koje su na Hrvatskom zavodu za zapošljavanje registrirane kao nezaposlene u anketi izjašnjavaju da nisu nezaposleni.
Aktivno stanovništvo u drugom tromjesečju 2009. iznosilo je 1,718 milijuna, od toga zaposlenih 1,561 milijun, što je povećanje u odnosu na prethodno tromjesečje (1,547 milijuna), a smanjenje u odnosu na kraj 2008. godine (1,574 milijuna).
S obzirom na spol, smanjenju ukupne stope anketne nezaposlenosti doprinijelo je smanjenje stope nezaposlenosti žena, koja je pala s 11,4% na 9,8%, dok se stopa nezaposlenosti muškaraca povećala s 7,8% na 8,1%. Uspoređujući ove pokazatelje sa stopom registrirane nezaposlenosti po spolu, gdje je 10,9% muškaraca te 18,3% žena pri HZZ-u registrirano kao nezaposleni, može se zaključiti da je više žena zaposleno u sivoj ekonomiji.
U strukturi radne snage, najviše je osoba sa završenom osnovnom školom, 34,1%, što predstavlja smanjenje u odnosu na prvo tromjesečje za 2,2 postotna boda, dok je zaposlenih sa završenim fakultetom, akademijom, magisterijem ili doktoratom 4,2%, što predstavlja povećanje u odnosu na prošlo tromjesečje za 0,6 postotnih bodova. Zanimljiv je pokazatelj da je osoba s visokom ili višom stručnom spremom 7,7% u ukupnoj radnoj snazi. što pokazuje da je radna snaga primarno orijentirana na poslove kojima se ostvaruje manji dohodak i pridonose manje ukupnom domaćem proizvodu.
U strukturi radne snage prema dobi, u svim dobnim skupinama zabilježene su manje stope nezaposlenosti u odnosu na prvo tromjesečje, pri čemu je i dalje najviše nezaposlenih u dobnoj skupini od 15-24 godina, 23,7%, a najmanja u skupini od 50-64 godine, 6,0%.U sljedećem tromjesečju stopa anketne nezaposlenosti trebala bi biti niža nego u drugom tromjesečju zbog vrhunca turističke sezone. Međutim, zbog slabije gospodarske aktivnosti, povećanje broja zaposlenih neće biti tako veliko kao u prethodnim godinama.

Pretraživanje

Traži

Teme
- Makroekonomija
- FX market vijesti
- Money Market vijesti
- Obveznice
- Dionice
- Nafta
- Domaće tržište novca
- Makroekonomski pokazatelji
- Arhiva indikatora

Publikacije
- Dnevno financijsko izvješće
- RBA tjedni pregled
- EUforija
- Mjesečna RBA analiza
- Kvartalna RBA analiza
- Arhiva analiza dionica
- Komercijalni zapisi
- Izvješće o Hrvatskoj

English
- CEE Weekly
- RBA Weekly Report
- RZB Weekly
- Raiffeisen Research Report
- Strategy SEE
- Strategy Croatia
- Strategy Bosnia

14. UPOTREBA E-MAILa I SKYPEa ZA KOMUNICIRANJE S IZVORIMA

14.1. UVOD

Za direktnu komunikaciju s izvorima novinari imaju na raspolaganje elektroničku poštu, telefoniranje posredstvom servisa Skype i tekstualnu komunikaciju posredstvom chata.

U ovom poglavlju upoznat ćete se s osnovnim pravilima upotrebe elektroničke pošte u komunikaciji i pravilima za njezino korištenje za intervjuiranje. Također, bit će prikazani besplatni e-mail servisi i njihove prednosti i mane. Upoznati ćete se s upotrebom Skypea za besplatno razgovaranje s izvorima ili za pronalaženje izvora. Biti će prikazani alati za snimanje razgovora, odnosno intervjua putem Skypea. U zadnjem dijelu bit će prikazana osnovna pravila za korištenje chata za intervjuiranje.

Poglavlje završava studijom jedne od najvećih novinarskih afera u posljednjih dvadesetak godina, koja se temeljila na nepoznavanju elektroničke pošte kao novinarskog komunikacijskog alata.

14.2. EMAIL KAO KOMUNIKACIJSKI ALAT

E-mail ili elektronička pošta jedan je od najstarijih Internetskih servisa koji je vrlo popularan od početka sedamdesetih godina prošloga stoljeća. Danas gotovo 70 posto korisnika Interneta u Hrvatskoj koristi taj servis[54], zbog čega e-mail predstavlja idealan komunikacijski alat. Svatko s minimalnim informatičkim znanjem može poslati i primiti e-

---

[54] GFK. Stagnira broj korisnika interneta u Hrvatskoj. 22.5.2005. URL: http://www.gfk.hr/press/internet6.htm (15.09.2008.)

mail poruku posredstvom besplatnih e-mail servisa, kao što su Yahoo mail ili Gmail. No, popularnost joj dodatno povećava globalni doseg, odnosno mogućnost da se elektronička pošta pošalje bilo kome (neovisno o zemljopisnoj udaljenosti) tko ima internetski priključak i e-mail adresu, te asihronost koja omogućava da poruka stigne u samo nekoliko minuta, ali, jednako tako, poruka se može čitati i danima (godinama) poslije, što joj daje prednost u odnosu na komunikaciju u realnom vremenu.

Zbog svojih prednosti, email je općeprihvaćen način komunikacije u novinarstvu. Prema istraživanju koje je 2002. godine provela agencija Puls[55], 77 posto novinara svaki dan se koristi e-mailom. Ako se tome broju pribroje novinari koji e-mail upotrebljavaju nekoliko puta na tjedan ili rjeđe, tada govorimo čak o 97 posto novinara koji se koriste elektroničkom poštom. Međutim, e-mail se vrlo često pogrešno koristi. Prema istraživanju provedenom u listopadu 2007. godine na Sveučilištu u Dubrovniku, utvrđeno je kako se uredi za odnose s javnošću neuspješno koriste tim alatom, jer novinarima dostavljaju informacije koje za njih nisu specifične, šalju neupotrebljive informacije i preveliku količinu podataka (fotografija) osobama koje to od njih nisu tražile[56].

Elektronička pošta se u novinarstvu koristi na nekoliko načina:

1. Za komuniciranje s izvorima
2. Za komuniciranje sa čitateljima (korisnicima medija)
3. Za komuniciranje unutar novinske redakcije.

Nama je, s obzirom na tematiku ove knjige, bitan aspekt komunikacije novinara s izvorima. Prilikom komuniciranja s izvorima, upotreba e-maila uključuje kontaktiranje i slanje novinarskih upita, primanje obavijesti od službi za odnose s javnošću te intervjue. U slučaju komuniciranja preko e-maila, trebaju se koristiti sve poslovne uzance (pravila) koje vrijede za klasično poslovno komuniciranje. Pri slanju e-mail poruke, osoba kojoj se poruka šalje mora se oslovljavati titulom i prezimenom (osim kada se radi o bliskoj osobi koju se ne smije

[55] PULS. Kako novinari u Hrvatskoj koriste internet II. 22.11.2002. URL: http://www.huoj.hr/fgs.axd?id=1845 (15.09.2008)

[56] Brautovic. M. Elektronička pošta u odnosima s javnošću. URL: http://www.matobrautovic.com/diplomski/mbrautovic_internet_pr02.ppt (15.09.2008.)

kontaktirati u novinarskom svojstvu zbog sukoba interesa). Poruka mora biti sažeta i pisana u skladu s pravopisnim i gramatičkim pravilima. Preko e-maila nikada se ne smije ostvariti prvi kontakt, a njegova upotreba treba se potvrditi s osobom koja će poruku primiti.

14.2.1. INTERVJUIRANJE ELEKTRONIČKOM POŠTOM

Autori knjige Digital Dilemmas: Ethical Issues for Online Media Professionals[57] Robert I. Berkman i Christopher A. Shumway kažu kako kvaliteta intervjua ovisi o načinu na koji je proveden. Navode da novinarski razgovor licem u lice, telefonom ili e-mailom ima i prednosti i mane. Kao prednosti e-mail intervjua navode mogućnost komuniciranja s ljudima s kojima nije moguće telefonski razgovarati ili dogovoriti termin za osobni sastanak. Kao drugu prednost navode mogućnost novinara i intervjuirane osobe da točnije i specifičnije definiraju pitanja, odnosno odgovore.

Kao negativne strane e-mail intervjua navode[58]:

- nedostatak neverbalnog oblika komunikacije (promjene u boji glasa, izgled lica – sve što bi indiciralo kako osoba laže)
- statičnost komunikacije – nema mogućnosti za raspravu, a postavljanje potpitanja ograničeno je slanjem novog e-maila, pa su brzina i efektivnost intervjuiranja ograničene.

Berkman i Shumway dalje navode kako je provođenje intervjua posredstvom elektroničke pošte lažno predstavljanje intervjua, jer intervju podrazumijeva dijalog između dvije osobe. Zbog toga bi intervjue obavljene preko emaila trebalo i označiti kao takve.

Problematika provođenja intervjua posredstvom elektroničke pošte tako je velika da pojedini autori navode kako nije moguće niti tvrditi da je intervjuirana osoba doista napisala odgovore na pitanja[59].

---

[57] Berkman. R.I.Shumway. C.A. Dilemmas: Ethical Issues for Online Media Professionals. Surjeet Publications: Delhi, 2005.

[58] Ibid.

[59] Friend. S. Singer. J.B. Online Journalism Ethics: Traditions and Transitions. M.S.

Elektronički intervju treba iskoristiti samo kao posljednju mogućnost, kada intervju nije moguće provesti telefonski ili osobno (ne samo zato što to ne odgovara novinaru). Osim svih prednosti, e-mail daje samo jednu dimenziju komuniciranja: daje riječi bez promjena u glasu intervjuirane osobe ili vizualnih znakova koji bi trebali potpomognuti riječi[60]. Ipak, Stephen Quinn i Stephen Lamble u knjizi Online Newsgathering navode kako se e-mailom treba koristiti za pronalaženje osoba za intervjuiranje te za intervjue s osobama koje žive/rade na udaljenim mjestima[61].

Često se dogodi da intervjuirana osoba ne odgovori na teška ili kontroverzna pitanja koja dolaze e-mailom, jer, za razliku od intervjuiranja telefonom ili licem u lice, to jednostavno mogu napraviti bez ikakve dodatne aktivnosti (na primjer, bez kazivanja „bez komentara"). No, treba imati na umu i mogućnost korištenja e-maila za eventualna dodatna objašnjenja i provjeru činjenica, nakon što se obavi intervju telefonom ili osobno.

14.2.2. EVALUACIJA ELEKTRONIČKE POŠTE

U novinarstvu se e-mail treba koristiti s određenim oprezom, jer se e-mail poruke i e-mail adrese lako mogu krivotvoriti. Često su karakteristike lažnih e-mailova slične onima lažnih internetskih stranica. U pravilu takvi e-mailovi imaju loš jezik, pravopis, gramatiku i grafički dizajn. Sve su to indikatori da nešto nije u redu.

Posebnu pozornost treba posvetiti e-mail adresi. Ona mora biti sa službenog poslužitelja institucije, a ne s nekog besplatnog, poput prethodno spomenutih Yahooa ili Gmaila. Nadalje, adresa u pravilu mora odražavati funkciju koju ta osoba obavlja. Na primjer, e-mail

---

Sharpe: New York, 2007. Str. 86.

[60] Foust. J.C. Online Journalism: Principles and Practices of News for the Web. Holcomb Hathaway: Scottsdale, 2005. Str. 87.

[61] Quinn. S. Lamble.S. Online Newsgathering: Researching and Reporting for Journalism. Focal Press: New York, 2008. Str. 98.

adresa predsjednika RH Stjepana Mesića je predsjednik@predsjednik.hr. Jednako tako, ona može označavati ime i prezime osobe koja je šalje. Na primjer adresa rektora Sveučilišta u Dubrovniku prof.dr.sc. Matea Milkovića je mateo.milkovic@unidu.hr. U pravilu su adrese koje završavaju .hr oznakom manje sumnjive nego one s nekom drugom vršnom oznakom. Kao manje sumnjive adrese u obzir se mogu uzeti i one koje završavaju na .edu, .gov, .mil, dok one na .doc, .net, .org i dr. obvezatno treba provjeriti.

Kad se radi intervju posredstvom e-maila treba:

1. Utvrditi postoji li potreba za intervjuom preko e-maila (zemljopisna i vremenska udaljenost).
2. Osobu kontaktirati telefonski (ne SMS-om, e-mailom...) i dogovoriti slanje e-maila (na službenu adresu), ako nikako drugačije nije moguće.
3. Provjeriti e-mail adresu preko koje su pristigli odgovori, ako je potrebno.
4. Telefonski potvrditi primitak i zatražiti dodatna tumačenja ili najaviti slanje novog e-maila s potpitanjima.
5. Označiti da je intervju napravljen preko e-maila.

14.2.3. YAHOO MAIL I GMAIL KAO NOVINARSKI ALAT

Svaki novinar mora inzistirati kod svoje medijske kuće da mu se dodjeli službena email adresa, jer će oni koje poslovno kontaktira biti sumnjičavi prema besplatnim e-mail servisima. Ako niste u mogućnosti imati službenu, tada je vrlo uputno otvoriti osobnu, ali s hrvatskom vršnom oznakom .hr. U pravilu svi Internet servis provajderi nude i mogućnost zakupa email adrese u obliku ime.prezime@internetservis.hr. Međutim, elektroničku adresu (račun) ćete, pored toga, imati i na besplatnim email servisima kao sto su Yahoo (http://mail.yahoo.com) i Gmail (www.gmail.com). Besplatne e-mail adrese su dobre ako se koriste za pretplatu na listservere ili bilo koji internetski servis koji bi mogao dostavljati i reklamne poruke. Također, takvi servisi omogućavaju slanje većih priloga (attachment), čak do 25 MB, te su dostupni svugdje posredstvom webpreglednika.

Gmail račun je neophodan za pristup većem broju servisa koje nudi ta tražilica.

14.3. SKYPE KAO NOVINARSKI ALAT

Skype (www.skype.com) je još jedan od internetskih alata koji je pronašao svoje mjesto u novinarstvu. U osnovi ovaj alat omogućava audio i video komunikaciju s jednom i/ili više osoba. Skype omogućava besplatnu komunikaciju sa Skype korisnicima koji su spojeni na sustav, te komunikaciju uz naknadu s korisnicima telefona koji se nalaze bilo gdje na svijetu. Plaćene usluge su višestruko jeftinije od klasičnih telefonskih tarifa.

Da bi se Skype mogao koristiti, neophodno je s web stranice www.skype.com downloadati besplatni softver koji omogućava uspostavu razgovora. Nakon instalacije softvera i otvaranja računa, moguće je pretražiti bazu korisnika koji su trenutno dostupni. Pretraživanje se vrši odabirom opcija Contacts u glavnom meniju i Search for Skype Users... iz padajućeg menija.

Pretraga korisnika se vrši u posebnom prozoru prema imenu i prezimenu osobe, nazivu računa na Skypeu, e-mail adresi, državi, odnosno regiji, gradu, jeziku, spolu i godinama. Klikom na rezultat i tipku Add contact spremili smo kontakt koji nam treba radi uspostave poziva. To ponavljamo dok ne odaberemo sve korisnike koji su nam zanimljivi. Nakon povratka na glavni prozor Skype softwera, u donjem lijevom dijelu biti će izlistani svi naši kontakti. Tko je online vidjet ćemo po boji ikonice koja označava kontakt. Zelena boja označava kontakte (osobe) koje su online.

Ako dvokliknemo na kontakt, otvoriti će se novi prozor gdje odabirom zelene ikonice s natpisom Call pozivamo korisnika. Ako kliknemo Video call, uspostavit ćemo video razgovor. Da bi se Skype mogao koristiti, neophodno je da na računalu imamo uključene slušalice i mikrofon, dok je za video razgovor neophodno imati instaliranu kameru.

Prilikom kontakta s osobama putem Skypea neophodno je provjeriti radi li se uistinu o toj osobi. U slučaju video razgovora, to nije problem jer se na Googleu vrlo lako može pronaći fotografija osobe s kojom trebamo razgovarati. S druge strane, kod audio razgovora neophodno je osigurati drugi način potvrde identiteta – bilo putem službenog e-maila ili kratkog razgovora putem klasičnog telefona.

U novinarstvu se Skype može koristiti za kontaktiranje s izvorima, pronalaženje potencijalnih izvora te vođenje intervjua. U Sjedinjenim Američkim Državama bilo je pokušaja da se Skype koristi i za prijenos događaja uživo.

Priručnik za korištenje Skypea može se pronaći na https://support.skype.com/.

14.3.1. KAKO SNIMITI SKYPE RAZGOVOR

Da bi se intervju mogao transkribirati ili digitalno koristiti neophodno ga je snimiti. Sam Skype nema opciju audio ili video snimanja, stoga je neophodno koristiti neki od besplatnih softvera koje se mogu pronaći na Internetu. U nastavku će biti dan pregled softvera za audio snimanje:

- EasyVoipRecorder Recorder (Windows) http://www.easyvoiprecorder.org/
- Hot Recorder (Windows) http://www.hotrecorder.com/
- Call Recorder (Mac OS X) http://www.ecamm.com/mac/callrecorder

Principi rada ovih softvera mogu se naći na help stranicama softvera. Kako je video snimanje mnogo složenije, o njemu ovdje neće biti riječi. U svakom slučaju, o video snimanju Skype razgovora, više se možete saznati na http://www.ehow.com/how_5446923_record-webcam-video-chatting-easily.html.

Ne zaboravite da ste dužni upozoriti osobu s kojom razgovarate kako ćete razgovor snimiti. U protivnom, činite nešto što je protuzakonito!

14.4. UPOTREBA CHATA ZA INTERVJUIRANJE

Chat ili brbljanje u hrvatskom prijevodu predstavlja još jedan oblik online tekstualne komunikacije u realnom vremenu. Novinari chat mogu koristiti za intervjuiranje izvora, ali i za traženje novih ideja za novinarske priče. Također, chat se kao novinarska forma ustalio kod većine vodećih online medija, koji ga koriste za razgovore s poznatim osobama i svojim novinarima, gdje korisnici mogu postavljati pitanja. Za potrebe ove knjige bit će prikazani prve dvije upotrebe.

U prvom slučaju će novinar upotrebom Windows Live Messengera, Yahoo Messengera, chat opcije na Yahoo mailu, chat opcije na Skypeu ili nekog drugog oblika chata komunicirati s izvorom. Tu treba imati na umu da je neophodno biti dobro pripremljen i imati pitanja napisana u word ili nekom drugom tekstualnom dokumentu, tako da ih je lako kopirati i zalijepiti u chat program. Kao i u slučaju e-maila, nedostatak ovakvog načina intervjuiranja je nedostatak neverbalne komunikacije.

Drugi način upotrebe jest traženje ideja za novinarske priče u internetskim Chat sobama. Jedan od najpoznatijih takvih servisa je chat.yahoo.com. U Hrvatskoj također postoje posebni servisi u sklopu Net.hr (http://chat.net.hr) i Tportal.hr

(https://komunikator.tportal.hr/komunikator/).

Treba imati na umu da se ništa Što je objavljeno u Chat sobama ne smije doslovno koristiti u novinarstvu, bez da se potvrdi od izvora. Izjave koje se dobiju bez da se novinar predstavi kao takav također su zakonski upitne.

Za korištenje Yahoo Chat servisa neophodno je imati otvoren Yahoo mail i instalirati softver Yahoo Messenger

(http://messenger.yahoo.com/download/).

Nakon upisivanja lozinke i korisničkog imena (isti kao kod yahoo maila), potrebno je odabrati chat sobu. U glavnom meniju se odabire Messenger/Yahoo Chat/Join a Room, te neka od ponuđenih tematskih soba. Nakon pristupanja sobi, moguće je komunicirati sa svim članovima ili samo s odabranim. Yahoo chat omogućuje i komunikaciju putem videa i audia, kao i razmjenu fotografija i dokumenata do čak 2 GB.

Priručnik za upotrebu Yahoo Messengera moguće je pronaći na: http://help.yahoo.com/l/us/yahoo/messenger/.

Net.hr Chat je najbrojniji Chat room servis u Hrvatskoj. U potpunosti je online, a Chat sobe su organizirane oko geografskih lokacija: Zagreb, Dalmacija, Istra, Slavonija, Međimurje, Dubrovnik, Varaždin, Kutina i Đakovo. Kao i u slučaju Yahoo maila, moguće je komunicirati sa svima u chat sobi ili samo s jednim od sudionika. Priručnik o korištenju Net.hr Chata može se pronaći na: http://chat.net.hr/help/help.html.

14.5. LITERATURA I DALJNJE ČITANJE

1. Berkman. R.I.Shumway. C.A. Dilemmas: Ethical Issues for Online Media Professionals. Surjeet Publications: Delhi, 2005.
2. Brautović. M. Elektronička pošta i njezina upotreba u novinarstvu: Studija slučaja Butković - Sanader. // Medianali. 4 (2008) ; 31-40.
3. Friend. S. Singer. J.B. Online Journalism Ethics: Traditions and Transitions. M.S. Sharpe: New York, 2007.
4. Foust. J.C. Online Journalism: Principles and Practices of News for the Web. Holcomb Hathaway: Scottsdale, 2005.
5. Quinn. S. Lamble.S. Online Newsgathering: Researching and Reporting for Journalism. Focal Press: New York, 2008.

14.6. STUDIJA SLUČAJA

Slučaj Butković – Sanader jedna je od najvećih novinarskih afera u Hrvatskoj u posljednjih dvadesetak godina[62]. Naime, radi se o lažnom intervjuu koji je novinar Davor Butković obavio posredstvom e-maila s hrvatskim premijerom Ivom Sanaderom, odnosno osobom koja se predstavljala kao on.

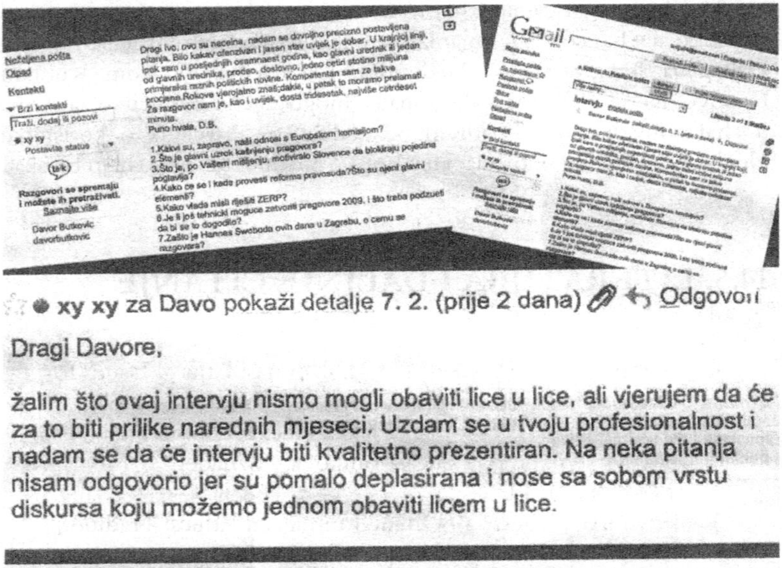

Dopisivanje 23-godišnjeg mladića iz Zagreba s Davorom Butkovićem

Dan nakon izlaska intervjua u Jutarnjem listu u novinarske redakcije stiglo je priopćenje Ureda za odnose s javnošću Vlade RH, u kojem se navodi kako je intervju u cijelosti izmišljen. „Ured za odnose s javnošću Vlade Republike Hrvatske posljednjih dana nije imao nikakvih kontakata s autorom pa nije niti mogao dati intervju za taj list. Ured za odnose s javnošću Vlade RH ističe da je ovakvo izmišljanje intervjua krajnje neprofesionalan, neetičan i nedobronamjeran čin koji može imati i posljedice na dostignutu razinu demokratskih odnosa u hrvatskom društvu“[63].

[62] HRT. Najveći novinarski skandal u Hrvatskoj. 11.2.2008. URL: http:.//vijesti.hrt.hr/ShowArticles.aspx?CategoryId=47&ArticleId=40874 (11.02.2008)

[63] Ibid.

Nakon toga slijedio je tekst u Večernjem listu[64], u kojem je anonimni 23- godišnjak (danas znamo da je riječ o bivšem novinaru Nacionala Viktoru Zahtili) iznio pojedinosti cijelog slučaja. Neovisno o tome je li slučaj namješten (kako je poslije tvrdila redakcija Jutarnjeg lista) ili ne, Davor Butković napravio je niz neoprostivih novinarskih pogrešaka.

Cijeli slučaj je počeo više od mjesec dana prije objave intervjua, kada je Davor Butković dobio nepotpisanu SMS čestitku sadržaja „Bule, sretna ti nova“[65] od nepoznate osobe, za koju je Butković pomislio da se radi o premijeru Sanaderu. Nakon toga je 6. veljače Butković na taj broj

preko SMS-a uputio zahtjev za intervju, na što mu Zahtila šalje svoju e-mail adresu[66]. Butković tada upućuje e-mail s pitanjima koji počinje „Dragi Ivo, ovu su načelna, nadam se dovoljno precizno postavljena pitanja... Rokove vjerojatno znaš; dakle, u petak to moram prelamati. Za razgovor nam je kao i uvijek, dosta tridesetak, najviše četrdesetak minuta. Puno hvala, D.B.“18 . Nakon toga Zahtila mu odgovara kako mu je žao što intervju nije napisao licem u lice te da je odgovorio na neka pitanja koja mu šalje. Ti odgovori poslije su objavljeni kao intervju u Jutarnjem listu.

Prva pogreška koju je novinar Butković napravio jest pomisao da mu premijer Sanader šalje čestitku za Novu godinu oslovljavajući ga nadimkom, što znači kako je novinar smatrao da imaju intimniji odnos nego što bi to novinar i netko na takvoj funkciji trebali imati. Takvo stajalište novinara vidljivo je kroz cjelokupnu korespondenciju između novinara i lažnog Sanadera (oslovljavanje i način pisanja e-mail poruke). Butković je u tome slučaju odstupio od pravila poslovnog dopisivanja i doveo se u sukob interesa zbog pretpostavljenog prijateljskog odnosa s premijerom.

Pogrešku je također napravio kada je zaprimio e-mail adresu koja je smještena na besplatnom servisu Gmail, a gdje je vlasnik e-maila bio označen sa „xy xy“. Može se pretpostaviti da premijer ne bi imao privatnu adresu takvog tipa, barem da se njome ne bi služio u komunikaciji s novinarima. Butkoviću je nakon što je dobio tu adresu trebalo postati sumnjivo o čemu je tu riječ.

---

[64] Zajović. M. Kopirao sam stare Sanaderove izjave. Večernji list, 11.2.2008.

[65] Ibid.

[66] Ibid.

Treća pogreška je napravljena nakon što je primio intervju. Tada je novinar prihvatio da premijer ne želi odgovoriti na neka pitanja, umjesto da je tražio dodatna objašnjenja. Također, kao poznavatelj visoke politike" trebao je uvidjeti kako su neki odgovori jednaki onima iz prethodnih intervjua ili izjava. Novinar Butković je u sklopu procesa pripreme potpitanja ili pisanja uvoda u intervju trebao provjeriti navode premijera kako bi ustvrdio jesu li u skladu s prethodno rečenim ili je promijenjena politika. To je jednostavno mogao napraviti njihovim kopiranjem i provjeravanjem kroz tražilicu Google. Da je to napravio, Butković bi lako zaključio kako se radi o već danim izjavama.

O AUTORU

dr.sc. Mato Brautović je docent na Odjelu za komunikologiju Sveučilišta u Dubrovniku. Gostujući je predavač na College of Journalism and Communication University of Florida. U akademskoj 2009/2010. godini bio je Fulbright visiting scholar na College of Journalism and Communication University of Florida.

Doktorirao je na Filozofskom fakultetu Sveučilišta u Zagrebu na temu Karakteriske novih medija u funkciji online novinarstva , a magistrirao na Fakultetu političkih znanosti Sveučilišta u Zagrebu na temu Internet terorizam i informacijska sigurnost.

Predaje kolegije Primjena računala u novinarstvu i odnosima s javnošću, Online izvješćivanje, Uređivanje online medija, Odnosi s javnošću i Internet, Teorija novih medija, Online novinarstvo i Interactive media.

Autor je 3 knjige, 3 poglavlja u knjigama i 15 znanstvenih radova.

Više o autoru možete pronaći na www.matobrautovic.com

Made in the USA
Monee, IL
10 September 2026

62770889R00118